DIETA DEL AYUNO INTERMITENTE

La guía completa para para perder peso, promover la longevidad y aumentar la energía con un estilo de vida sano

TABLE OF CONTENTS

Capítulo 1.   ¿Qué es el Ayuno Intermitente?............................... 7

Métodos de Ayuno Intermitente.. 9

¿Qué Ocurre Cuando Se Realiza El Ayuno Intermitente?.................... 10

Responde Esta Pregunta Antes De Elegir El Mejor Método De Ayuno Intermitente.. 11

Capítulo 2.   Ayuno Intermitente para Perder Peso 13

Capítulo 3.   Beneficios del Ayuno Intermitente....................... 21

Capítulo 4.   Posibles Efectos Secundarios................................. 31

Recetas para el Desayuno 34

1. Tazón de Arándanos para Desayunar 34

2. Tortilla con Tomate Relleno de Feta................................. 35

3. Ensalada de Zanahoria para Desayunar............................. 36

4. Chuletas de Cordero al Pimentón..................................... 37

5. Delicioso Enrollado de Pavo 38

6. Enrollado de Tocino y Pollo al Ajo................................... 40

7. Cabeza de Coliflor Recubierta 41

8. Pizza con Corteza de Coliflor... 42

Capítulo 6.   Recetas para Almorzar.. 45

9. Stroganoff de Res con Fideos Proteicos.............................. 45

10. Tostadas de Carne 47

11. Cena Alemana de Bratwurst...48

12. Pescado Ennegrecido al Cajún con Ensalada de Coliflor.............49

13. Pollo a la Parmesana sobre Pasta Proteica..............................51

14. Chow Mein de Pollo Salteado...53

15. Cazuela de Pollo Colorida 55

16. Cazuela de Pollo Relleno 57

17. Pollo Italiano con Espárragos y Corazones de Alcachofa 58

18. Brochetas con Salsa de Cacahuete al Curry.............................60

Capítulo 7.   Recetas para Cenar...63

19. Aderezo de Miel y Mostaza...63

20. Enrollados de Chocolate Paleo con Frutas.............................64

21. Corteza de Tarta Vegana de Nueces Cruda y Brownies Crudos..65

22. Ensalada Envasada de Zanahoria, Trigo Sarraceno, Tomate y Rúcula..66

23. Ensalada Envasada de Garbanzos, Cebolla, Tomate y Perejil......68

24. Ensalada de Col y Feta con Aderezo de Arándanos 69

25. Ensalada de Atún, Huevo y Alcaparras................................70

26. Panqueques de Fresa y Trigo Sarraceno................................72

Capítulo 8.   Batidos, Tés y Jugos 74

27. Batido de Frambuesa y Tofu...74

28. Batido de Fresa y Remolacha..75

29. Batido de Kiwi...76

30. Batido de Piña y Zanahoria..76

31. Batido de Avena y Naranja 78

32. Batido de Calabaza 79

33. Batido de Verduras y Frutas Rojas...................................... 80

34. Batido de Col Rizada... 81

35. Batido de Tofu Verde 82

36. Batido de Uvas y Acelgas 83

37. Batido de Matcha.. 84

38. Batido de Banana.. 85

39. Batido de Fresa 85

40. Batido de Mango... 86

41. Batido de Piña 87

42. Batido de Col Rizada y Piña... 88

43. Batido de Verduras Verdes 89

44. Batido de Aguacate y Espinacas.. 90

Capítulo 9.   Recetas de Postres...................................... 92

45. Manzanas Horneadas... 92

46. Granizado de Bayas... 93

47. Helado de Calabaza 94

48. Sorbete de Limón 95

49. Pudín de Aguacate... 97

50. Mousse de Chocolate 98

51. Crumble de Arándanos... 99

52. Manzana Crujiente... 100

53. Macarrones de Coco...102

54. Dulce de Garbanzos...103

55. Barras de Chocolate Crujientes...104

56. Barras de Proteínas Caseras 106

Conclusión...108

Capítulo 1.   ¿Qué es el Ayuno Intermitente?

El ayuno intermitente es una estructura alimentaria o un plan de alimentación que alterna períodos de comida y de ayuno. Se trata de un método sencillo para programar las comidas con el fin de sacarles el máximo partido. No especifica los alimentos que debes consumir – que es de lo que tratan las dieta – sino que se centra más en "cuándo" debes comer los alimentos.

No hay alimentos especiales en los que centrarse ni restricciones alimentarias de ningún tipo. No necesitarás contar calorías, grasas, carbohidratos, contenido de fibra, proteínas, micros, macros o cualquier otro nutriente. No tienes que comprar ningún batido caro ni consumir caldo de huesos. Por eso no debe considerarse como una dieta sino como un patrón de alimentación.

Los métodos populares de ayuno intermitente suelen consistir en ayunos de 16 horas diarias o de 24 horas, al menos dos veces por semana. Los periodos de alimentación populares o bien aceptados, como se denominan, son de 9 a 17 horas y/o de 10 a 18 horas. Dentro de este periodo se permite consumir las calorías diarias.

El ayuno es una práctica muy antigua que ha existido prácticamente durante toda la evolución humana. Los antiguos habitantes de las cuevas, los cazadores y los recolectores a veces se quedaban sin comer durante periodos prolongados debido al clima, la falta de acceso a las fuentes de alimentos, etc.

El ser humano ha evolucionado y puede seguir funcionando durante varias horas sin comer. Ayunar ocasionalmente es ahora incluso más natural que consumir 3 o 4 comidas al día.

El ayuno y la inanición no significan lo mismo, y lo que diferencia el ayuno de la inanición es el control. El ayuno es controlado, mientras que la inanición - que es la ausencia incontrolada de alimentos durante un período prolongado - puede conducir a un intenso sufrimiento o a la muerte. No es controlado ni deliberado.

Pero el ayuno, en cambio, consiste en evitar conscientemente la comida o la ingesta de calorías por varias razones. Normalmente lo hace alguien con suficiente grasa corporal almacenada y que no tiene un peso inferior al normal. El ayuno no pretende causar sufrimiento o muerte. En este caso, se dispone de alimentos, pero se decide no comerlos durante un periodo determinado, es decir, desde unas horas hasta unos días, con o sin supervisión médica.

El ayuno también se practica en algunas religiones - por ejemplo, el cristianismo, el islam, el budismo y el judaísmo - como ejercicio espiritual. Lo que muchos desconocen son los beneficios que aporta el ayuno si se practica de vez en cuando.

Puedes empezar el ayuno cuando quieras, y también puedes terminarlo en cualquier momento que elijas. En cualquier periodo de tiempo en el que no ingieras ningún alimento, estarás realizando un ayuno intermitente. Por ejemplo, puedes ayunar entre la cena y el desayuno del día siguiente, que son unas 12-14 horas. En este sentido, se puede decir que el ayuno intermitente forma parte de la vida cotidiana. Es beneficioso para la salud del corazón, reduce el colesterol, previene la diabetes de tipo 2 e incluso disminuye la presión arterial, así como otras afecciones relacionadas con la obesidad, lo que lo convierte en una opción viable.

Métodos de Ayuno Intermitente

El ayuno intermitente puede realizarse de más de una manera; un rasgo común de todas ellas es que consiste en dividir el día o incluso la semana en fases de alimentación y ayuno. Cuando se realiza un ayuno, se come muy poco o nada.

Los siguientes son los métodos más populares de ayuno intermitente:

- El Método 16/8

Este método de ayuno intermitente - conocido también como el protocolo Leangains - implica no desayunar. Y entonces es posible que tengas que restringir tu periodo diario de comidas a ocho horas, por ejemplo, de la 1 a la 9 de la tarde.

Después, ayunarás durante unas 16 horas entre medias. Este método de ayuno intermitente es el centro de este libro y se analizará en profundidad en los próximos capítulos. En otras palabras, se come durante 8 horas y se ayuna durante 16 horas.

Muchas personas que practican el ayuno intermitente creen que el método 16/8 es el más sostenible, fácil y sencillo de cumplir.

- La Dieta 5:2

Este método de ayuno intermitente implica el consumo de unas 500-600 calorías en dos días ininterrumpidos de la semana. Pero los demás días de la semana, que son hasta 5 días, se puede comer normalmente.

- Comer-Parar-Comer

Esta variedad de ayuno intermitente requerirá que ayunes durante 24 horas, al menos una o dos veces por semana. Por ejemplo, puedes saltarte la cena de hoy y esperar a cenar al día siguiente.

Todos estos métodos de ayuno intermitente están orientados a la reducción de la ingesta de calorías, lo que dará lugar a una pérdida de peso general. Esto sólo es posible si no haces trampas o compensas comiendo en exceso durante tus periodos de alimentación.

¿Qué Ocurre Cuando Se Realiza El Ayuno Intermitente?

Cuando se lleva a cabo el ayuno intermitente - o cualquier otro ayuno - se producen varias reacciones en el cuerpo, tanto a nivel molecular como celular. Durante ese período, tu cuerpo comienza a ajustar sus niveles hormonales con el fin de hacer más accesible la grasa almacenada en el cuerpo.

Tus células también comienzan a iniciar procesos vitales de reparación, así como a cambiar toda la expresión de los genes. Los siguientes son algunos de los cambios que se producirán en tu cuerpo cuando empieces a ayunar:

- Reparación Celular

Las células humanas engendran procesos de reparación celular durante el ayuno, incluida la autofagia, que es el proceso en el que las células se digieren a sí mismas y eliminan las proteínas disfuncionales y viejas que se desarrollan dentro de las células.

- Insulina

Los niveles de insulina descienden drásticamente a medida que mejora la sensibilidad a la insulina. Cuantos más bajos sean los niveles de insulina, más accesible será la grasa corporal almacenada.

- Hormona del Crecimiento Humano (HGH)

Durante un ayuno, los niveles de HGH u hormona del crecimiento aumentan de forma espectacular, e incluso pueden llegar a multiplicarse por 5. El aumento de los niveles de la hormona del crecimiento humano facilita la ganancia de músculo y la pérdida de grasa, por mencionar sólo algunos beneficios.

- Expresión Genética

Se producen cambios en las numerosas funciones de los genes asociados a la protección contra las enfermedades y la longevidad.

Los numerosos cambios en los niveles hormonales - que incluyen la expresión genética y la función celular - son totalmente responsables de los notables beneficios que aporta el ayuno intermitente.

Responde Esta Pregunta Antes De Elegir El Mejor Método De Ayuno Intermitente

Hay algunas cosas que debes considerar cuando se trata de elegir un método de ayuno intermitente que funcione para ti.

Todo el asunto del ayuno intermitente sólo funcionará si tomas medidas para mejorar significativamente tus posibilidades de mantener el nuevo enfoque de la alimentación.

No fuerces un método de ayuno intermitente que no va a funcionar con tu estilo de vida actual, es un estrés añadido que realmente no necesitas.

Por eso es necesario que respondas a esta pregunta para determinar qué ayuno intermitente funcionará para ti y tu situación actual con la dieta/alimentación.

Si Has Estado Comiendo Sano, ¿Desde Cuándo?

La Dieta Americana Estándar es azucarada y extremadamente adictiva. Y el ayuno intermitente puede ser muy difícil si vienes de esta dieta alta en carbohidratos. Si saltas directamente a una fase de ayuno, puedes desencadenar síntomas de abstinencia de azúcar, lo que puede dificultar el mantenimiento del ayuno durante un periodo de tiempo considerable.

Esto significa que el tiempo que llevas comiendo de forma saludable juega un papel crucial en tu capacidad para mantener el ayuno intermitente. Esto no quiere decir que no debas realizar el ayuno si tus hábitos alimenticios no son precisamente impecables. De hecho, eres un candidato ideal para el ayuno intermitente si no has estado comiendo de forma saludable.

Capítulo 2.   Ayuno Intermitente para Perder Peso

Las dietas y el ejercicio pueden ser componentes importantes para la pérdida de peso de las mujeres, pero hay muchos otros factores.

Los estudios demuestran que todo, desde la calidad del sueño hasta el estrés, puede tener un gran impacto en la desnutrición, el metabolismo, el peso corporal y la grasa intestinal.

1. Carbohidratos Refinados

Los carbohidratos refinados se procesan a fondo, reduciendo la cantidad de fibra y micronutrientes en el producto final.

Estos alimentos elevan los niveles de azúcar en la sangre, aumentan la inanición y están relacionados con el aumento del peso y la grasa corporal.

Por lo tanto, lo mejor es limitar los carbohidratos refinados como el pan blanco, la pasta y los alimentos preenvasados. Selecciona productos a granel como espinacas, arroz integral, quinoa, trigo sarraceno y cebada.

2. Añade el entrenamiento de resistencia a tu rutina.

El entrenamiento de resistencia desarrolla los músculos y mejora la resistencia. Es especialmente bueno para las mujeres de más de 50 años, ya que aumenta la cantidad de calorías que el cuerpo quema. También ayuda a proteger la densidad mineral ósea de la osteoporosis.

Levantar pesas, hacer gimnasia o realizar ejercicios con el peso del cuerpo son algunas formas sencillas de empezar.

3. Beba más agua.

Beber más agua es una forma fácil y eficaz de minimizar la pérdida de peso.

Según un pequeño estudio, el número de calorías quemadas en 30-40 minutos aumentó temporalmente con 16,9 oz. (500 ml) de agua.

4. Come más proteínas

Los alimentos proteicos como la carne, las aves, los huevos, la leche y las legumbres, en particular cuando se trata de perder peso, son una parte importante de una dieta saludable.

En un pequeño estudio de 12 semanas, un aumento de la ingesta de proteínas de tan sólo un 15 por ciento redujo la ingesta media diaria de calorías en 441 calorías, lo que se tradujo en una pérdida de peso de 11 libras (5 kg).

5. Dormir Regularmente

Los estudios de preparación sugieren que el sueño puede ser tan crítico como la dieta y el ejercicio para perder peso.

Muchos estudios relacionan la privación del sueño con el aumento del peso corporal y el aumento de la grelina, la hormona estimulante del hambre.

De hecho, un estudio realizado por mujeres descubrió que dormir al menos 7 horas por noche y mejorar la calidad general del sueño aumenta la probabilidad de perder peso en un 33%.

6. Si realizas más ejercicios aeróbicos, también conocidos como cardio, aumenta tu ritmo cardíaco para quemar más calorías.

Los estudios demuestran que añadir más actividades cardiovasculares a tu rutina puede conducir a una pérdida de peso significativa, especialmente cuando se combina con una dieta saludable.

Al menos 20-40 minutos de cardio al día o 150-300 minutos a la semana para obtener los mejores resultados.

7. Utilizar un diario de alimentos para hacer un seguimiento de lo que se come es una forma fácil de asumir la responsabilidad y tomar decisiones más saludables.

También facilita el recuento de calorías, lo que puede ser una estrategia eficaz de control de peso. Además, un diario de alimentos puede ayudarte a alcanzar tus objetivos y podría conducir a una pérdida de peso a largo plazo.

8. Añadir más fibra a su dieta es una técnica popular de pérdida de peso que puede ayudar a ralentizar el vaciado del estómago y hacer que te sientas lleno durante más tiempo.

Sin cambiar la dieta o el estilo de vida, un aumento de 14 gramos al día en la ingesta de fibra dietética se asoció con una disminución del 10% en la ingesta de calorías y de 4,2 libras (1,9 kg) de peso durante 3,8 meses. Las frutas, las verduras, las legumbres, los frutos secos, las semillas y los cereales integrales pueden formar parte de una dieta equilibrada.

9. Práctica de la Alimentación Consciente

Come minimizando las distracciones externas durante la comida. Intenta comer despacio y concentrarte en el sabor, el aspecto, el olor y la sensación de tus comidas. Este método fomenta unos hábitos alimenticios más saludables y es una herramienta sólida para mejorar la pérdida de peso.

Los estudios demuestran que comer despacio mejora la sensación de saciedad y puede reducir significativamente las calorías diarias.

10. Una gama de aperitivos equilibrados y bajos en calorías es una forma ideal de perder peso y controlar los niveles de hambre entre las comidas.

Aperitivos más inteligentes. Utiliza aperitivos ricos en proteínas y fibra para favorecer la saciedad y reducir los antojos. La fruta entera, junto con la mantequilla de frutos secos, el hummus de verduras y el yogurt griego con frutos secos son ejemplos de aperitivos más saludables que pueden contribuir a una pérdida de peso duradera.

11. Abandona la dieta

Aunque las dietas de moda a menudo prometen una rápida pérdida de peso, cuando se trata de tu piel y tu salud, pueden hacer más daño que bien. Por ejemplo, un estudio realizado en mujeres universitarias ha demostrado que la supresión de ciertos alimentos ha aumentado los antojos y el consumo excesivo de comida.

Las dietas de moda también pueden fomentar hábitos alimenticios poco saludables y conducir a dietas tipo yo-yo, que pueden perjudicar la pérdida de peso a largo plazo.

12. Exprimirse en Más Pasos

Si tienes poco tiempo y no puedes completar tu entrenamiento, es una forma fácil de quemar calorías extra y aumentar la pérdida de peso. De hecho, se calcula que la actividad no relacionada con el ejercicio representa el 50% de las calorías de tu cuerpo durante todo el día.

Subir las escaleras en lugar del ascensor, aparcar fuera de la entrada o caminar durante el descanso para comer son algunas técnicas básicas para aumentar el número total de pasos y quemar más calorías.

13. Establecer objetivos inteligentes facilitará el cumplimiento de tus objetivos de pérdida de peso a la vez que mejoras.

Los objetivos inteligentes deben ser específicos, medibles, alcanzables, relevantes y oportunos. Te haremos responsable y prepararemos la forma de cumplir tus objetivos. En lugar de simplemente establecer un objetivo de perder 10 libras, por ejemplo, establece un objetivo de perder 10 libras en 3 meses llevando un diario de alimentos, yendo al gimnasio tres veces a la semana y añadiendo algunas verduras en cada comida.

14. Algunos estudios sugieren que un mayor nivel de estrés puede contribuir a un mayor riesgo de aumento de peso con el tiempo.

El estrés también puede cambiar los patrones de alimentación y provocar problemas como el exceso de comida y los atracones. Entrenar, escuchar música, practicar yoga, escribir un diario y comunicarse con la familia y los amigos son varias formas fáciles y eficaces de reducir el estrés.

15. Prueba el entrenamiento a intervalos de alta intensidad, también llamado HIIT, con intensas explosiones de movimiento con breves tiempos de recuperación para mantener el ritmo cardíaco elevado.

El cambio de cardio por HIIT puede aumentar la pérdida de peso varias veces a la semana. El HIIT puede reducir la grasa intestinal, mejorar la pérdida de peso y quemar más calorías que otras actividades, como el ciclismo, el atletismo y el entrenamiento de resistencia.

16. Utilizar platos más pequeños

Cambiar a un tamaño de plato más pequeño ayudará a reducir la porción, ayudando a perder peso. Aunque las investigaciones son mínimas e inconsistentes, un estudio demostró que los participantes que comían menos que los que utilizaban un plato de tamaño normal comían menos y se sentían más satisfechos. También puedes limitar tu talla con un plato más pequeño, lo que reduce el riesgo de comer en exceso y controlar el consumo de calorías.

17. Tomar un suplemento probiótico

Los probióticos son un tipo de bacterias beneficiosas que se pueden ingerir a través de los alimentos o de suplementos para promover la salud intestinal. Los estudios demuestran que los probióticos pueden facilitar la pérdida de peso al aumentar la excreción de grasa y ajustar los niveles hormonales para reducir el apetito. El Lactobacillus gasseri es una cepa probiótica especialmente eficaz. Los estudios demuestran que puede disminuir la grasa del vientre y el exceso de peso corporal.

18. Práctica del Yoga

Las prácticas de yoga demuestran que el yoga puede ayudar a prevenir el aumento de peso y mejorar la quema de grasas. El yoga también puede reducir los niveles de estrés y ansiedad —ambos relacionados con la alimentación emocional. Además, se ha demostrado que el yoga reduce los atracones y previene las preocupaciones alimentarias para favorecer un comportamiento alimentario saludable.

19. Masticar más despacio

Masticar despacio y por completo puede ayudar a perder peso al reducir la cantidad de comida que se ingiere.

Según un estudio, la ingesta al masticar 50 veces por bocado disminuyó significativamente en comparación con la masticación de 15 veces por bocado. Otro estudio demostró que masticar los alimentos reduce la ingesta en un 9,5% y un 14,8%, respectivamente, un 150% o un 200% más de lo normal.

20. Disfrutar de un desayuno nutritivo por la mañana puede ayudarte a empezar el día con buen pie y a mantenerte saciado hasta la siguiente comida.

Los estudios demuestran que la adherencia a un patrón alimentario regular podría estar asociada a un menor riesgo de atracones. Se ha demostrado que el consumo de un desayuno rico en proteínas disminuye los niveles de la hormona del hambre, la grelina. Esto puede ayudar a controlar el apetito y el hambre.

21. El ayuno intermitente requiere alternar entre la comida y el ayuno durante un periodo de tiempo específico cada día.

Los ciclos de ayuno suelen durar entre 14 y 24 horas. El ayuno intermitente se considera tan eficaz como la reducción de calorías para perder peso. También puede contribuir a mejorar el metabolismo al aumentar las calorías consumidas en reposo.

22. Los alimentos procesados suelen tener un alto contenido en calorías, sucres y sodio — pero un bajo contenido en nutrientes importantes como proteínas, fibra y micronutrientes.

Limitar los alimentos procesados. Los estudios demuestran que el consumo de más alimentos procesados está relacionado con el exceso de peso corporal, especialmente entre las mujeres. Por lo tanto, es mejor limitar la ingesta de alimentos procesados y elegir alimentos integrales, como frutas, verduras, grasas saludables, proteínas, cereales integrales y legumbres.

23. El azúcar es uno de los principales responsables del aumento de peso y de graves problemas de salud, como la diabetes y las enfermedades cardíacas.

Los alimentos con alto contenido de azúcar adicional están llenos de calorías extra y carecen de las vitaminas, minerales, fibra y proteínas que tu cuerpo necesita para prosperar. Por lo tanto, es mejor limitar la ingesta de alimentos suculentos como las gaseosas, los dulces, los jugos de frutas, las bebidas deportivas y los postres, de modo que se favorezca la pérdida de peso y se optimice la salud en general.

Capítulo 3.   Beneficios del Ayuno Intermitente

Piel lisa

Si quieres que tu piel tenga un aspecto más joven y prevenir los brotes de acné, el ayuno intermitente puede ayudarte. El ayuno da a tu cuerpo un descanso de la digestión continua y le permite gastar más energía en regular y mejorar la función de diferentes órganos como los riñones, el hígado y la piel. El ayuno también permite al cuerpo eliminar la acumulación de toxinas, que pueden contribuir a diversas afecciones de la piel. Cuando se induce la autofagia, no sólo mejora el funcionamiento de tu cuerpo, sino que también ayuda a la eliminación de las células muertas de la piel al tiempo que promueve el crecimiento de otras nuevas. Una vez que tu cuerpo comienza a regenerar las células presentes en tu piel mientras limpia las toxinas de todas las células existentes, mejora la salud de tu piel. La regeneración también acelera el proceso de curación de las cicatrices. El ayuno ayuda a combatir la inflamación. Una de las principales causas de diferentes enfermedades de la piel, como el acné, es la inflamación. Al abordar el problema subyacente, el ayuno ayuda a rejuvenecer las células de la piel.

Pérdida de Peso

El ayuno es una forma segura y rápida de eliminar esos kilos de más. Cada vez que comes, tu cuerpo quema los alimentos para producir energía. Sin embargo, sólo una parte de esta energía se utiliza fácilmente. La comida extra que no se convierte fácilmente en combustible se almacena en forma de grasas en el cuerpo. Si se sigue comiendo, el cuerpo nunca tiene la oportunidad de quemar todas las grasas almacenadas, lo que provoca un aumento de peso. Cuando se ayuna, se reduce la ingesta de alimentos, y hay menos comida que el cuerpo puede utilizar para producir energía. Por lo tanto, obliga a tu cuerpo a empezar a utilizar sus reservas internas de grasa y a convertir las grasas almacenadas en energía. Este proceso se conoce como lipólisis. En comparación con una dieta regular, el ayuno mejora la capacidad de tu cuerpo para quemar grasas sin afectar a tus músculos. A diferencia de una dieta de choque, el ayuno intermitente es sostenible a largo plazo. Por lo tanto, favorece la pérdida de peso y su mantenimiento.

Otra razón por la que el ayuno intermitente conduce a la pérdida de peso es la disminución en tu consumo de calorías. Cuando ayunas, tu consumo total de calorías se reduce. Al limitar las comidas que ingieres, se reduce tu consumo de calorías y se induce un déficit calórico. El déficit calórico favorece la pérdida de peso: el gasto calórico del cuerpo es mayor que la ingesta de calorías. Si añades un poco de ejercicio a tu régimen alimenticio en el ayuno intermitente, se acelera el proceso de pérdida de peso.

Sensibilidad a la Insulina

La diabetes de tipo II es uno de los problemas de salud más comunes que afectan a la humanidad en la actualidad. Con la diabetes de tipo II, la sensibilidad a la insulina de tu cuerpo se reduce, lo que conduce a la acumulación de azúcar en el torrente sanguíneo. Normalmente, cuando se come, los alimentos crean un pico en los niveles de azúcar en sangre. En respuesta a ello, el páncreas segrega insulina, que desencadena la absorción de glucosa de la sangre por parte de los músculos y otras células grasas. Como las células necesitan energía, se reduce la presencia de azúcar en el torrente sanguíneo. Así pues, la insulina regula los niveles de azúcar en sangre y los mantiene dentro de los límites deseados. A veces, la sensibilidad del cuerpo a la insulina se reduce, lo que significa que tu cuerpo tiene que producir más insulina para regular los niveles de azúcar en sangre. Esto, a su vez, aumenta el esfuerzo del páncreas para producir más insulina. Sin embargo, pasado un tiempo, el páncreas se sobrecarga de trabajo y no puede producir la insulina necesaria para estabilizar los niveles de azúcar en sangre. Cuando esto ocurre, acaba por desarrollar la diabetes de tipo II.

Se cree que el ayuno intermitente ayuda a aumentar la sensibilidad a la insulina en todos aquellos que tienen resistencia a la misma. Durante el ayuno, el cuerpo comienza a utilizar la glucosa presente en la sangre junto con el hígado porque no hay ninguna otra fuente de energía alternativa disponible. Cuando el cuerpo empieza a utilizar toda esta glucosa almacenada, reduce de forma natural los niveles de azúcar en el torrente sanguíneo. Además, la eficacia de la insulina aumenta al provocar la absorción de la glucosa por parte de las diferentes células del cuerpo una vez que se rompe el ayuno. Dado que una parte del exceso de glucosa presente en el cuerpo ya se ha agotado, el organismo comienza a quemar eficazmente la glucosa que consume.

Así, el cuerpo no necesita tanta insulina como antes para absorber la glucosa de la sangre. A su vez, da señales al páncreas para que deje de producir más insulina, lo que reduce los niveles de insulina en el torrente sanguíneo. Cuando se juntan todos estos factores, se reduce el riesgo de desarrollar diabetes de tipo II, a la vez que se mejora la salud en general.

Mejora la Función Cerebral

El ayuno intermitente promueve la producción de BDNF (factor neurotrófico derivado del cerebro). Esto activa las células madre y ayuda a convertirlas en neuronas que funcionan activamente. También conduce a la producción de otras sustancias químicas que ayudan a mejorar el funcionamiento general del cerebro. También se cree que el BDNF protege las células cerebrales contra los cambios degenerativos asociados a enfermedades graves como el Alzheimer y el Parkinson. Cuando los niveles de BDNF son bajos, se sabe que aumenta el riesgo de depresión y otros trastornos. El ayuno no sólo aumenta la producción de BDNF, sino que también mejora el funcionamiento general del cerebro al reducir la sobreactividad innecesaria. La energía que aportan ciertos alimentos puede hacer que el cerebro entre rápidamente en sobrecarga. En este estado, las neuronas se vuelven hiperactivas y empiezan a dispararse más de lo habitual. Esto aumenta la actividad neuronal, lo que dificulta enormemente el enfoque y la concentración.

Durante el ayuno, el cerebro pasa al modo de supervivencia, lo que aumenta tu capacidad de concentración. El ayuno también reduce el riesgo de estrés oxidativo e inflamación. La combinación de estos dos factores mejora eficazmente la salud general del cerebro y del cuerpo. El ayuno periódico puede mejorar el rendimiento de la memoria y acelerar la recuperación tras lesiones cerebrales o accidentes cerebrovasculares. También puede aumentar el crecimiento de las neuronas.

Mejor Salud Cardiovascular

Los problemas cardiovasculares se han convertido en algo muy común hoy en día. El ayuno intermitente puede reducir el riesgo de enfermedades cardíacas y mejorar la salud general del corazón. El riesgo de enfermedades cardiovasculares es mayor en todas las personas que padecen diabetes. Dado que el ayuno reduce el riesgo de desarrollar diabetes, indirectamente también reduce el riesgo de enfermedades cardiovasculares. Al ayunar, el cuerpo procesa las reservas internas de grasa para obtener energía. Parte de esta grasa se almacena en forma de colesterol LSD. Por lo tanto, el cuerpo comienza a quemar esta molécula de colesterol para abastecerse de combustible. ¿Te preguntas por qué esto es conveniente?

El colesterol LSD es una de las principales causas de la reducción de la sensibilidad a la insulina y de la diabetes. También aumenta la presión arterial. Ambos factores aumentan el riesgo de sufrir trastornos cardiovasculares. Al reducir el nivel de colesterol LSD, mejora naturalmente la salud de tu corazón. Se cree que el ayuno intermitente reduce los niveles de triglicéridos en la sangre y los marcadores inflamatorios, junto con otros factores de riesgo asociados a la disfunción cardiovascular.

Desintoxicación

Las dietas que la mayoría de nosotros consume hoy en día están llenas de aditivos y alimentos procesados. La mayoría de las sustancias procesadas pueden ser tóxicas para el organismo. Una vez que los alimentos son digeridos y absorbidos, todas las toxinas presentes en ellos se transfieren directamente a los depósitos de grasa almacenados en su interior. Durante el ayuno, el cerebro asume que la privación nutricional voluntaria es una amenaza y activa las respuestas de estrés para lidiar con el estrés percibido. El cerebro básicamente traza un plan para determinar cómo se cubrirán las necesidades energéticas del cuerpo en ausencia de alimentos. Para mantener el metabolismo en funcionamiento, el cerebro recurre a la conversión del glucógeno almacenado en el hígado en una fuente de energía utilizable. El glucógeno no es necesariamente la mejor fuente de energía y, al cabo de 12 horas, el cuerpo agotará prácticamente todas las reservas internas de glucógeno. En esta etapa, el cerebro busca varias fuentes alternativas de energía y se concentra en las grasas almacenadas. Al quemar estas grasas para obtener energía, se liberan todas las toxinas presentes en su interior. Estas toxinas son eliminadas inmediatamente por el hígado, los riñones y otros órganos. Al hacer esto, tu cuerpo comienza a desintoxicarse desde dentro de manera efectiva.

Mejor Metabolismo

El ayuno intermitente ayuda a acelerar el metabolismo de tu cuerpo. La capacidad de tu cuerpo para metabolizar los alimentos que consumes está directamente relacionada con tu sistema digestivo. El ayuno intermitente da a tu sistema digestivo un descanso de su trabajo habitual. Cuando comes después del ayuno, tu sistema digestivo está bien descansado y mejora tu metabolismo. Esto, a su vez, garantiza que tu cuerpo queme calorías de forma efectiva mientras absorbe eficazmente todos los nutrientes presentes en los alimentos. Es uno de los principales factores responsables de la pérdida de peso al seguir el ayuno intermitente. En un estudio, se observó que el ayuno intermitente conduce a un aumento de hasta el 14% en el metabolismo del cuerpo y ayuda a aumentar los niveles de norepinefrina, un neurotransmisor que aumenta el metabolismo en el cuerpo.

Reduce la Inflamación

La inflamación es la defensa natural del cuerpo contra cualquier infección. En cuanto el cuerpo identifica un invasor extraño, desencadena la inflamación. La inflamación aguda es una respuesta inmunitaria habitual utilizada para hacer frente a las infecciones. Sin embargo, si no se controla, puede provocar una inflamación crónica con graves consecuencias para la salud. La inflamación crónica puede dar lugar a varias afecciones y enfermedades graves, como la artritis reumatoide, las enfermedades cardíacas e incluso el cáncer. Se cree que el ayuno intermitente ayuda a reducir y regular diferentes niveles de marcadores inflamatorios en el cuerpo.

Regula el Apetito

Puede que nunca hayas pensado en ello, pero ¿sabes lo que significa el hambre real? Si sigues merendando cada dos horas, no puedes identificar las señales de hambre que pueda tener tu cuerpo. Puedes tardar entre 12 y 24 horas en entender lo que significa el hambre realmente. Durante el ayuno, tu cuerpo empieza a regular sus hormonas y puedes experimentar lo que significa el hambre real. Si te entregas a cualquier patrón de alimentación excesiva, entonces tu cuerpo no puede discernir ninguna de las señales que recibe sobre el hambre y la saciedad. El ayuno intermitente actúa como un botón de reinicio. Cuando empiezas a ayunar, tu cuerpo se vuelve experto en reiniciarse y liberar las hormonas adecuadas. Cuando eres consciente de las señales de hambre y saciedad, tu capacidad para comer de forma más saludable aumenta.

Si estás acostumbrado a los atracones, el ayuno te ayudará a regular tu apetito y a cambiar tus patrones de alimentación — no sólo los atracones, sino también cualquier otro trastorno alimentario. Si tienes alguna dificultad para establecer los patrones de alimentación correctos debido al trabajo, o cualquier otro compromiso, entonces el ayuno intermitente te será útil. Siguiendo los patrones de alimentación intermitente, puedes optar por un método en el que los horarios de las comidas estén en sintonía con los requisitos de tu estilo de vida. Si te interesa combatir los atracones, puedes establecer eficazmente ciertos horarios en los que debes consumir tus comidas, junto con todas las calorías diarias. El ayuno intermitente ayuda esencialmente a regular el apetito y te permite conocer mejor las necesidades de tu cuerpo.

Autofagia

El metabolismo de tu cuerpo comienza a ralentizarse a medida que envejeces. La reducción del metabolismo conduce a una pérdida lenta y constante de tejido muscular. Este proceso se conoce como Sarcopenia. Además, a medida que se envejece, todas las células del cuerpo empiezan a envejecer de forma constante y su rendimiento general se reduce. Todo el material celular viejo comienza a acumularse dentro de las células de tu cuerpo. La reducción del rendimiento de las células viejas combinada con la acumulación de todos los orgánulos celulares viejos es la causa principal del envejecimiento. El ayuno ayuda a mejorar tu metabolismo general y, por lo tanto, previene eficazmente la regeneración o la pérdida de tejido muscular en tu cuerpo.

La privación voluntaria de alimentos a la que te sometes durante el ayuno conduce a la autofagia. Durante la autofagia, todos los orgánulos celulares viejos son identificados y luego sintetizados. Ayuda al reciclaje de las células junto con el rejuvenecimiento de las mitocondrias. Una combinación de estos factores mejora el rendimiento general de las células viejas. Esto ralentiza el proceso de envejecimiento. Además, el ayuno estimula la liberación de la hormona del crecimiento, lo que mejora la fuerza de los huesos y permite al cuerpo sintetizar mejor las proteínas y aumentar la masa muscular. Una combinación de todos estos efectos ciertamente ralentiza los efectos adversos del envejecimiento.

Tu cuerpo no puede diferenciar entre el estrés real y el aparente. El ayuno es percibido por tu cuerpo como una forma de estrés. Cuando te expones a este tipo de estrés, se activan las defensas celulares de tu cuerpo para protegerse de la amenaza constante (el ayuno). Esta poderosa defensa celular se conoce como autofagia. A medida que tu cuerpo intenta protegerse contra cualquier daño molecular, también comienza a reparar todo el tejido dañado.

Mejor Inmunidad

Los animales tienden a dejar de comer cuando se enferman. ¿Sabes por qué lo hacen? Es una reacción natural del cuerpo en la que los animales intentan minimizar el estrés de sus sistemas internos y destinan toda la energía de su cuerpo a hacer frente a la infección. Así que, la próxima vez que te sientas mal, no te atiborres de comida y dale a tu cuerpo el descanso que necesita. El ayuno permite a tu cuerpo regenerar las células viejas presentes en él. Estas células incluyen también las presentes en tu sistema inmunológico. El rejuvenecimiento de todas las células viejas ayuda a fortalecer tu sistema inmunológico. Según un estudio, se descubrió que el ayuno durante tres días ayuda a regenerar todas las células del sistema inmunológico y aumenta la producción de glóbulos blancos nuevos y sanos. Esto, a su vez, aumenta la capacidad de tu cuerpo para luchar contra las enfermedades. El ayuno permite al cuerpo quemar grasas y eliminar las toxinas almacenadas. La combinación de todos estos factores aumenta la inmunidad natural del cuerpo y su resistencia a las enfermedades. Los alimentos que se ingieren después de romper el ayuno son importantes. Si rompes el ayuno comiendo frutas, puede mejorar el funcionamiento de tu sistema inmunológico. Las frutas contienen muchas vitaminas y minerales útiles, como la vitamina A y la vitamina E, que son potentes antioxidantes. También se cree que el ayuno previene la aparición de células cancerosas. El ayuno intermitente reduce la inflamación, lo que disminuye la presencia de radicales libres en el cuerpo que dañan el ADN y otras proteínas importantes. Todos estos factores reducen la posibilidad de aparición de células cancerosas.

Previene el Cáncer

El crecimiento celular descontrolado es la principal característica del cáncer. Los efectos útiles del ayuno intermitente en el metabolismo corporal podrían ayudar a reducir el riesgo de cáncer. El ayuno también ayuda al cuerpo a deshacerse de las toxinas que se acumulan en su interior. El ayuno puede ayudar a suprimir o reducir la intensidad de diferentes efectos secundarios asociados a la quimioterapia. Dado que mejora el funcionamiento del sistema inmunológico, puede aumentar la capacidad de tu cuerpo para resistir los efectos secundarios de la quimioterapia. En un estudio realizado en la Universidad del Sur de California, los investigadores observaron que el ayuno es bastante útil para todos los pacientes con cáncer que se someten a quimioterapia. Diferentes pruebas también sugieren que el ayuno ayuda a prevenir y aumentar la resistencia del cuerpo al cáncer. Otro estudio realizado en ratas sugiere que el ayuno intermitente reduce la formación de tumores en el organismo. En otro estudio, los investigadores estudiaron células cancerosas en un tubo de ensayo y las expusieron al ayuno intermitente. Los investigadores observaron que retrasaba la formación de tumores del mismo modo que la quimioterapia.

Independientemente de las razones para elegir el ayuno intermitente, sin duda ayudará a mejorar tu salud en general. Como con cualquier otro cambio importante en el estilo de vida, tu cuerpo necesitará algún tiempo para acostumbrarse al ayuno intermitente. Una vez que te acostumbres a la rutina del ayuno, verás los cambios positivos que provocará en tu vida.

Capítulo 4.   Posibles Efectos Secundarios

El ayuno intermitente ofrece muchos beneficios. Hay que tener en cuenta que cualquier cambio en la dieta supone un cambio importante en el estilo de vida del organismo. Por lo tanto, es obvio que tu cuerpo necesitará un tiempo para acostumbrarse a la nueva dieta. Existen ciertos efectos secundarios potenciales del ayuno intermitente, pero pueden evitarse o manejarse fácilmente. En esta sección, vamos a ver algunos efectos secundarios potenciales, junto con consejos que puedes utilizar para manejarlos.

Sensación de Hambre

Quizás el efecto secundario más común de cualquier cambio de dieta es el hambre. Si está acostumbrado a merendar constantemente, seguir cualquiera de los protocolos del ayuno intermitente será un poco difícil, al menos al principio. La mayoría de nosotros estamos acostumbrados a comer al menos tres veces al día, junto con un par de aperitivos entre medias. Tu cuerpo está acostumbrado a comer a horas específicas, y esperará comida a las horas establecidas. Como espera algún tipo de alimento, empieza a producir grelina. La grelina es una hormona que regula el hambre. Al seguir cualquiera de los protocolos de ayuno intermitente, se reducirá el número de comidas que consumes diariamente. Por lo tanto, es posible que experimentes sensaciones de hambre. La mejor manera de evitar las sensaciones de hambre es asegurarse de consumir alimentos ricos en nutrientes durante el período de alimentación. Si tu estómago está lleno, no sentirás hambre.

Otro consejo sencillo es mantenerse completamente ocupado. Cuando tu mente está preocupada por el trabajo, no habrá tiempo libre para pensar en comer. Así que ocúpate y trata de mantenerte ocupado con diferentes actividades.

Dolores de Cabeza

Si tu dieta habitual es rica en alimentos procesados y carbohidratos, entonces tu cuerpo necesitará sin duda un tiempo para acostumbrarse al ayuno intermitente. Los alimentos ricos en carbohidratos y azúcares son bastante adictivos. Como ocurre con cualquier otra adicción, se necesita un tiempo para reconectar el cerebro y el cuerpo. Uno de los síntomas habituales de la abstinencia de azúcar es un ligero dolor de cabeza. La forma más fácil de afrontarlo es mantener el cuerpo bien hidratado. Asegúrate de beber mucha agua junto con electrolitos. Los dolores de cabeza también pueden empeorar debido al estrés y la deshidratación. Si mantienes tu cuerpo hidratado, reducirás la posibilidad de sufrir dolores de cabeza innecesarios.

Fluctuaciones en el Nivel de Energía

No te sorprendas si tu cuerpo tarda entre 7 y 10 días en aclimatarse al ayuno. Al seguir los protocolos del ayuno intermitente, la principal fuente de energía de tu cuerpo cambiará de los carbohidratos o la glucosa a las grasas. Este cambio en la fuente de energía puede hacer que te sientas un poco cansado y perezoso al principio. Por lo tanto, tus niveles de energía pueden fluctuar. Sin embargo, una vez que tu cuerpo se acostumbre a la dieta, no tendrás que preocuparte por todo esto. Dado que habrá ciertas fluctuaciones de energía, es una buena idea evitar hacer ejercicios de alta intensidad durante las dos primeras semanas.

Irritabilidad

Si tienes poca energía o experimentas ataques de hambre, puedes estar irritable. La irritabilidad suele deberse a un descenso de los niveles de azúcar en sangre. Si te aseguras de proporcionar a tu cuerpo todos los nutrientes que necesita cada vez que comes, tus niveles de azúcar en sangre se estabilizarán. Aparte de esto, asegúrate de que mantienes tu cuerpo bien hidratado, y eso reducirá tu irritabilidad general. En lugar de preocuparte por la dieta, concéntrate en todos los beneficios que ofrece, y tu motivación para seguirla aumentará.

Comer en Exceso

Una vez que empieces a seguir una nueva dieta como el ayuno intermitente, el periodo de alimentación se reducirá significativamente. Si estás acostumbrado a comer siempre que quieres, seguir el ayuno intermitente puede resultar un poco complicado. Por lo tanto, no te sorprendas si sientes la necesidad de comer en exceso tan pronto como el ayuno termine. Sin embargo, si deseas mejorar tu salud y aprovechar todos los beneficios del ayuno intermitente, evita comer en exceso. Un consejo sencillo es asegurarse de empezar a consumir alimentos sanos y nutritivos ricos en fibra antes de pensar en comer comida basura. Una vez que tu estómago esté lleno de alimentos ricos en nutrientes, las ganas de comer en exceso se reducirán.

Recetas para el Desayuno

1. Tazón de Arándanos para Desayunar

Tiempo de preparación:: 35 minutos

Tiempo de cocción: 0 minutos

Porciones: 1

Ingredientes:

1-cucharadita de semillas de chía

1-taza de leche de almendras

¼-taza de arándanos frescos o frutas frescas

1-paquete de edulcorante al gusto

Instrucciones:

Mezclar las semillas de chía con la leche de almendras. Revolver periódicamente.

Poner en la nevera para que se enfríe durante 30 minutos, y luego servir con fruta fresca. ¡Disfrutar!

Nutrición:

Calorías: 202

Grasa: 16.8g

Proteínas: 10.2g

Carbohidratos Totales: 9.8g

Fibra Dietética: 5.8g

Carbohidratos Netos: 2.6g

2. Tortilla con Tomate Relleno de Feta

Tiempo de preparación: 5 minutos

Tiempo de cocción: 6 minutos

Porciones: 1

Ingredientes:

1-cucharada de aceite de coco

2-huevos

1½-cucharada de leche

Una pizca de sal y pimienta

¼-taza de tomates, cortados en cubos

2-cucharada de queso feta desmenuzado

Instrucciones:

Batir los huevos con la pimienta, la sal, la leche y el resto de las especias.

Verter la mezcla en un sartén caliente con aceite de coco.

Incorporar los tomates y el queso. Cocinar durante 6 minutos o hasta que el queso se derrita.

Nutrición:

Calorías: 335

Grasa: 28.4g

Proteínas: 16.2g

Carbohidratos Totales: 4.5g

Fibra Dietética: 0.8g

Carbohidratos Netos: 3.7g

3. Ensalada de Zanahoria para Desayunar

Tiempo de preparación:: 5 minutos

Tiempo de cocción: 4 horas

Porciones: 4

Ingredientes:

2 cucharadas de aceite de oliva

2 libras de zanahorias baby, peladas y cortadas por la mitad

3 dientes de ajo picados

2 cebollas amarillas picadas

½ taza de caldo de verduras

1/3 taza de tomates triturados

Una pizca de sal y pimienta negra

Instrucciones:

En una olla de cocción lenta, combinar todos los ingredientes, tapar y cocinar a fuego alto durante 4 horas.

Dividir en tazones y servir para el desayuno.

Nutrición:

Calorías: 437 kcal

Proteínas: 2.39 g

Grasa: 39.14 g

Carbohidratos: 23.28 g

4. Chuletas de Cordero al Pimentón

Tiempo de preparación: 10 minutos

Tiempo de cocción: 15 minutos

Porciones: 4

Ingredientes:

2 costillas de cordero, cortadas en chuletas

Sal y pimienta al gusto

3 cucharadas de pimentón

¾ taza de comino en polvo

1 cucharadita de chile en polvo

Instrucciones:

Tomar un tazón y agregar el pimentón, el comino, el chile, la sal, la pimienta y revolver.

Añadir las chuletas de cordero y untar con la mezcla

Calentar la parrilla a temperatura media y añadir las chuletas de cordero, cocinar durante 5 minutos

Dar la vuelta y cocinar durante 5 minutos más, dar la vuelta de nuevo.

Cocinar durante 2 minutos, dar la vuelta y cocinar durante 2 minutos más

Servir y disfrutar.

Nutrición:

Calorías: 200

Grasa: 5g

Carbohidratos: 4g

Proteínas: 8g

5. Delicioso Enrollado de Pavo

Tiempo de preparación: 10 minutos

Tiempo de cocción: 10 minutos

Porciones: 6

Ingredientes:

1 y ¼ de libras de pavo molido, sin grasa

4 cebollas verdes picadas

1 cucharada de aceite de oliva

1 diente de ajo picado

2 cucharaditas de pasta de chile

8-onzas de castañas de agua, cortadas en cubos

3 cucharadas de salsa hoisin

2 cucharadas de amino de coco

1 cucharada de vinagre de arroz

12 hojas de lechuga mantequilla

1/8 cucharadita de sal

Instrucciones:

Tomar un sartén y ponerlo a fuego medio, añadir el pavo y el ajo al sartén

Calentar durante 6 minutos hasta que esté cocido

Tomar un tazón y transferir el pavo al tazón

Añadir las cebollas y las castañas de agua

Añadir la salsa hoisin, los aminos de coco, el vinagre y la pasta de chile.

Mezclar bien y transferir la mezcla a las hojas de lechuga

¡Servir y disfrutar!

Nutrición:

Calorías: 162

Grasa: 4g

Carbohidratos Netos: 7g

Proteínas: 23g

6. Enrollado de Tocino y Pollo al Ajo

Tiempo de preparación: 15 minutos

Tiempo de cocción: 10 minutos

Porciones: 4

Ingredientes:

1 filete de pollo, cortado en cubos pequeños

8-9 rebanadas finas de tocino, cortadas en cubos

6 dientes de ajo picados

Instrucciones:

Precalentar el horno a 400 grados F

Forrar una bandeja de horno con papel de aluminio

Añadir el ajo picado a un tazón y frotar cada pieza de pollo con él

Enrollar cada trozo de tocino alrededor de cada trozo de pollo al ajo

Asegurar con un palillo de dientes

Pasar los trozos a la bandeja del horno, dejando un poco de espacio entre ellos

Hornear durante unos 15-20 minutos hasta que esté crujiente

¡Servir y disfrutar!

Nutrición:

Calorías: 260

Grasa: 19g

Carbohidratos: 5g

Proteínas: 22g

Recetas para Cenar

7. Cabeza de Coliflor Recubierta

Tiempo de preparación:: 10 minutos

Tiempo de cocción: 40 minutos

Porciones: 6

Ingredientes:

2-libras de cabeza de coliflor

3 cucharadas de aceite de oliva

1 cucharada de mantequilla, ablandada

1 cucharadita de cilantro molido

1 cucharadita de sal

1 huevo batido

1 cucharadita de cilantro seco

1 cucharadita de orégano seco

1 cucharadita de pasta de tahini

Instrucciones:

Recortar la cabeza de la coliflor si es necesario.

Precalentar el horno a 350F.

En el tazón, mezclar el aceite de oliva, la mantequilla ablandada, el cilantro molido, la sal, el huevo batido, el cilantro seco, el orégano seco y la pasta de tahini.

A continuación, untar la cabeza de coliflor con esta mezcla generosamente y transferirla en la bandeja.

Hornear la cabeza de coliflor durante 40 minutos.

Untarla con el resto de la mezcla de aceite cada 10 minutos.

Nutrición:

Calorías: 136 kcal

Proteínas: 4.43 g

Grasa: 10.71 g

Carbohidratos: 7.8 g

8. Pizza con Corteza de Coliflor

Tiempo de preparación:: 20 minutos

Tiempo de cocción: 42 minutos

Porciones: 2

Alérgenos: huevo, lácteos

Ingredientes:

Para la Corteza:

1 cabeza pequeña de coliflor, cortada en ramilletes

2 huevos orgánicos grandes, batidos ligeramente

½ cucharadita de orégano seco

½ cucharadita de ajo en polvo

Pimienta negra molida, según sea necesario

Para Aderezar:

½ taza de salsa para pizza sin azúcar

¾ taza de queso mozzarella rallado

¼ taza de aceitunas negras, sin hueso y en rodajas

2 cucharadas de queso parmesano rallado

Instrucciones:

Precalentar el horno a 4000 F (2000 C). Forrar una bandeja para hornear con un papel pergamino ligeramente engrasado.

Añadir la coliflor en un procesador de alimentos y triturar hasta conseguir una textura similar a la del arroz.

En un tazón, agregar el arroz de coliflor, los huevos, el orégano, el ajo en polvo y la pimienta negra y mezclar hasta que estén bien combinados.

Colocar la mezcla de coliflor en el centro de la bandeja para hornear preparada y con una espátula, presionar hasta formar un círculo fino de 13 pulgadas.

Hornear durante 40 minutos o hasta que se dore.

Retirar la bandeja del horno.

Ahora, ajustar el horno en el modo de asar a fuego alto.

Colocar la salsa de tomate sobre la masa de la pizza y, con una espátula, extenderla uniformemente y rociar las aceitunas, seguido de los quesos.

Asar durante unos 1-2 minutos o hasta que el queso esté burbujeante y dorado.

Sacar del horno y con un cortador de pizza, cortar la pizza en triángulos de igual tamaño.

Servir caliente.

Nutrición:

Calorías: 119

Grasa: 6.6g

Grasas saturadas: 1.8g

Colesterol: 98mg

Sodio: 297mg

Carbohidratos: 8.6g

Fibra: 3.4g

Azúcar: 3.7g

Proteínas: 8.3g

Capítulo 6.   Recetas para Almorzar

9. Stroganoff de Res con Fideos Proteicos

Tiempo de preparación:: 14 minutos

Tiempo de cocción: 29 min

Porciones: 1

Ingredientes:

- 2 oz. Pasta Farfalle Proteica Barilla
- ½ taza de champiñones frescos cortados en rodajas
- 2 cucharadas de cebolla picada
- 1 cucharada de mantequilla
- Una pizca de pimienta negra
- 6 oz. de bistec, cortado en rodajas finas
- 1 cucharada de pasta de tomate
- ¼ cucharadita de mostaza de Dijon
- ½ taza de caldo de carne
- ½ un recipiente pequeño de yogurt griego natural

Instrucciones:

1. Cocer la pasta en agua.
2. Colocar la mantequilla en una sartén de teflón.

3. A continuación, añadir las cebollas y los champiñones, cocinar hasta que las cebollas estén brillantes y el agua haya desaparecido.

4. Añadir la carne y dorarla bien.

5. Incorporar el resto de los ingredientes, excepto la pasta y el yogurt.

6. Cocinar hasta que la carne esté hecha, aproximadamente 9 minutos.

7. Escurrir la pasta.

8. Si la salsa queda demasiado fina, añadir 1 cucharadita de harina de lino baja en carbohidratos y hervir para espesar.

9. Volver a bajar el fuego. A continuación, añadir el yogurt a la salsa.

10. Servir el stroganoff sobre la pasta.

Nutrición:

Calorías: 559

Total Grasa: 23g;

Proteínas: 55g

Carbohidratos Totales: 4g

Fibra Dietética: 13g

Azúcar: 2g

Sodio: 957mg

10. Tostadas de Carne

Tiempo de preparación:: 4 minuto

Tiempo de cocción: 9 minutos

Porciones: 2

Ingredientes:

- ¼ libra de solomillo molido
- ¼ taza de cebollas picadas
- 1 cucharadita de ajo picado
- 1 cucharada de aceite de oliva
- ½ taza de pimientos verdes, rojos y amarillos picados
- ½ taza de queso cheddar, suave o fuerte, rallado a mano
- 2 tortillas bajas en carbohidratos de Tortilla Factory
- 2 cucharada de mantequilla
- 1 taza de yogurt griego, natural
- 2 cucharadas de salsa verde

Instrucciones:

1. Dorar las tortillas en la mantequilla. Colocarlas en un plato caliente.

2. Cocinar el solomillo, las cebollas, los ajos y los pimientos en el aceite de oliva.

3. Colocar en las tortillas.

4. Cubrir con el queso.

5. Añadir el yogurt griego.

6. Rociar con la salsa.

Nutrición:

Calorías: 735

Total Grasa: 48g

Proteínas: 66g

Carbohidratos Totales: 18g

Fibra Dietética: 8g

Azúcar: 0g

Sodio: 708mg

11. Cena Alemana de Bratwurst

Tiempo de preparación:: 4 minutos

Tiempo de cocción: 19 minutos

Porciones:

Ingredientes:

- 1 salchicha Bratwurst

- ½ taza de cebolla en rodajas

- ½ taza de chucrut, esto incluye el líquido

- 1 cucharadita de aceite de oliva
- Espolvorear pimienta negra

Instrucciones:

1. Cocinar la bratwurst y la cebolla en el aceite de oliva, en una sartén recubierta.

2. Retirar la bratwurst a un plato.

3. Colocar el chucrut en la sartén y cocinar 3 min.

4. Añadir la bratwurst y la cebolla nuevamente para calentar y mezclar los sabores.

5. Espolvorear con pimienta negra y servir.

Nutrición:

Calorías: 332

Total Grasa: 26g

Proteínas: 15g

Carbohidratos Totales: 8g

Fibra Dietética: 9g

Azúcar: 4g

Sodio: 1188mg

12. Pescado Ennegrecido al Cajún con Ensalada de Coliflor

Tiempo de preparación:: 9 minutos

Tiempo de cocción: 9 minutos

Porciones: 1

Ingredientes:

- 1 taza de coliflor picada
- 1 cucharadita de copos de pimienta roja
- 1 cucharada de condimentos italianos
- 1 cucharada de ajo picado
- 6 oz. de tilapia
- 1 taza de pepino inglés, picado con cáscara
- 2 cucharadas de aceite de oliva
- 1 ramita de eneldo picado
- 1 paquete de edulcorante
- 3 cucharadas de jugo de lima
- 2 cucharadas de condimento cajún ennegrecido

Instrucciones:

1. Mezclar en un tazón los condimentos, excepto el condimento cajún ennegrecido.
2. Añadir 1 cucharada de aceite de oliva.
3. Emulsionar o batir.
4. Verter el aderezo sobre la coliflor y el pepino.
5. Untar el pescado con el aceite de oliva por ambos lados.

6. Verter la otra cucharada de aceite en una sartén recubierta.

7. Aplicar el condimento cajún a ambos lados del pescado.

8. Cocinar el pescado en el aceite de oliva 3 minutos por lado.

9. Servir en el plato.

Nutrición:

Calorías: 530

Total Grasa: 33.5g

Proteínas: 32g

Carbohidratos Totales: 5.5g

Fibra Dietética: 4g

Azúcar: 3g

Sodio: 80mg

13. Pollo a la Parmesana sobre Pasta Proteica

Tiempo de preparación:: 9 minutos

Tiempo de cocción: 14 minutos

Porciones: 2

Ingredientes:

- 1 una pizca de pimienta negra

- ½ cucharadita de mezcla de especias italianas

- 8 oz. de Espaguetis Proteína Plus

- ½ parmesano rallado a mano

- 1 calabacín en cubos

- 1 ½ tazas de salsa marinara, de cualquier marca

- 24 oz. de chuletas de pollo finas deshuesadas

- 2 cucharadas de aceite de oliva

- ½ taza de queso mozzarella rallado

- Agua, para hervir la pasta

Instrucciones:

1. Hervir la pasta con el calabacín en el agua.

2. Mezclar las especias italianas y ¼ de taza de queso parmesano y colocar en un plato llano.

3. Untar los trozos de pollo con aceite de oliva y mezclar con las especias y el queso para cubrirlos.

4. Colocar en la sartén con el aceite y cocinar hasta que esté hecho.

5. Añadir la salsa marinara a la sartén para calentarla, cubrir el pollo si se desea.

6. Escurrir la pasta y el calabacín, colocar en los platos.

7. Cubrir el pollo con la mozzarella y el resto del queso parmesano.

8. Colocar la salsa, el pollo y el queso sobre los espaguetis y servir.

Nutrición:

Calorías: 372

Total Grasa: 18g

Proteínas: 56g

Carbohidratos Totales: 7 g

Fibra Dietética: 2g

Azúcar: 6g

Sodio: 1335mg

14. Chow Mein de Pollo Salteado

Tiempo de preparación:: 9 minutos

Tiempo de cocción: 14 minutos

Porciones: 4

Ingredientes:

- 1/2 taza de cebolla en rodajas
- 2 cucharadas de aceite con sabor a sésamo y ajo
- 4 tazas de Bok-Choy rallado
- 1 taza de guisantes de azúcar
- 1 taza de brotes de soja frescos

- 3 tallos de apio, picados

- 1 1/2 cucharadita de ajo picado

- 1 paquete de Splenda

- 1 taza de caldo de pollo

- 2 cucharadas de salsa de soja

- 1 cucharada de jengibre recién picado

- 1 cucharadita de maicena

- 4 pechugas de pollo deshuesadas, cocidas/rebanadas finas

Instrucciones:

1. Poner el bok-choy, los guisantes y el apio en una sartén con 1 cucharada de aceite de ajo.

2. Saltear hasta que el bok-choy se ablande al gusto.

3. Añadir el resto de los ingredientes, excepto la maicena.

4. Si es demasiado delgada, mezclar la maicena con ½ taza de agua fría. Cuando esté suave, verter en la sartén.

5. Llevar la maicena y el chow mein a ebullición durante un minuto. Apagar la fuente de calor.

6. Revolver la salsa y esperar 4 minutos para servir, después de que el chow mein haya espesado.

Nutrición:

Calorías: 368

Total Grasa: 18g

Proteínas: 42g

Carbohidratos Totales: 12g

Fibra Dietética: 16g

Azúcar: 6g

Sodio: 746mg

15. Cazuela de Pollo Colorida

Tiempo de preparación:: 14 minutos

Tiempo de cocción: 14 minutos

Porciones: 6

Ingredientes:

- 1 taza de caldo de pollo
- 3 tazas de pollo cocido, cortado en cubos
- 4 tazas de brócoli picado
- 1 taza de pimientos de colores variados, picados
- 1 taza de nata
- 4 cucharadas de jerez
- ¼ taza de queso parmesano rallado a mano
- 1 lata pequeña de aceitunas negras, en rodajas, escurridas

- 2 tortillas de trigo integral bajas en carbohidratos de Tortilla Factory
- ½ taza de mozzarella rallada a mano

Instrucciones:

1. Poner el brócoli y el caldo de pollo en una sartén.
2. Tapar, llevar a ebullición y cocer al vapor hasta que esté crujiente. (4 min)
3. Añadir los pimientos, cocinar al vapor durante un minuto si no se quiere que estén crujientes.
4. Añadir el pollo y revolver para calentar.
5. Mezclar el jerez, la nata, el parmesano y las aceitunas.
6. Romper las tortillas en trozos del tamaño de un bocado.
7. Incorporar el pollo y el brócoli.
8. Verter la salsa de nata sobre el pollo, revolver.
9. Cubrir con mozzarella rallada a mano.
10. Asar en el horno hasta que el queso se derrita y se dore.

Nutrición:

Calorías: 412

Total Grasa: 30g

Proteínas: 29

Carbohidratos Totales: 10g

Fibra Dietética: 9g

Azúcar: 1g

Sodio: 712mg

16. Cazuela de Pollo Relleno

Tiempo de preparación:: 19 minutos

Tiempo de cocción: 29 minutos

Porciones: 6

Ingredientes:

- 6 tortillas de trigo integral bajas en carbohidratos de Tortilla Factory, partidas en trozos pequeños
- 1 ½ tazas de queso rallado a mano, mexicano
- 1 huevo batido
- 1 taza de leche
- 2 tazas de pollo cocido, desmenuzado
- 1 lata de Ro-tel
- ½ taza de salsa Verde

Instrucciones:

1. Engrasar una fuente de vidrio para hornear de 8 x 8
2. Calentar el horno a 375 grados F
3. Combinar todo junto, pero reservar ½ taza de queso
4. Hornear durante 29 minutos

5. Sacar del horno y añadir ½ taza de queso

6. Asar durante unos 2 minutos para derretir el queso

Nutrición:

Calorías: 265

Total Grasa: 16g

Proteínas: 20g

Carbohidratos Totales: 18g

Fibra Dietética: 10g

Azúcar: 0g

Sodio: 708mg

17. Pollo Italiano con Espárragos y Corazones de Alcachofa

Tiempo de preparación:: 9 minutos

Tiempo de cocción: 40 minutos

Porciones: 1

Ingredientes:

- 1 lata de espárragos largos, escurridos

- 1 taza de pimientos rojos asados, escurridos

- 1 taza de corazones de alcachofa, escurridos

- 6 oz. de pechuga de pollo deshuesada, machacada o cortada en rodajas finas

- 2 cucharadas de queso parmesano

- 1 cucharada de Bisquick

- ½ cucharadita de orégano

- ½ cucharadita de ajo en polvo

- ½ taza de champiñones frescos cortados en rodajas

- 2 cucharadas de vinagre de vino tinto

- 2 cucharada de mantequilla

- 3 cucharada de aceite de oliva

Instrucciones:

1. Colocar en un recipiente (o tazón) pequeño de la batidora el orégano, el ajo en polvo, el vinagre y 1 cucharada de aceite. Colocar a un lado.

2. Combinar el Bisquick y el queso parmesano.

3. Pasar el pollo por la mezcla de Bisquick y parmesano.

4. Calentar la mantequilla en una sartén.

5. Dorar el pollo por ambos lados y cocinar hasta que esté hecho, aproximadamente 4 minutos.

6. Emulsionar o batir rápidamente los ingredientes húmedos que has dejado a un lado. Este es el aderezo.

7. Colocar el pollo en el plato.

8. Rodear con las verduras y rociarlas con el aderezo.

Nutrición:

Calorías: 435

Total Grasa: 18g

Proteínas: 38g

Carbohidratos Totales: 16g

Fibra Dietética: 7g

Azúcar: 1g

Sodio: 860mg

18. Brochetas con Salsa de Cacahuete al Curry

Tiempo de preparación:: 9 minutos

Tiempo de cocción: 9 minutos

Porciones: 4

Ingredientes:

- 1 taza de nata
- 4 cucharadita de polvo de curry
- 1 1/2 cucharadita de comino
- 1 1/2 cucharadita de sal
- 1 cucharada de ajo picado
- 1/3 taza de mantequilla de cacahuetes sin azúcar
- 2 cucharadas de jugo de lima
- 3 cucharadas de agua

- 1/2 cebolla pequeña, cortada en cubos

- 2 cucharadas de salsa de soja

- 1 paquete de Splenda

- 8 oz. pechuga de pollo deshuesada y cocida

- 8 oz. lomo de cerdo

Instrucciones:

1. Mezclar la nata, la cebolla, 2 cucharaditas de ajo, el curry y el comino en polvo y la sal.

2. Cortar las carnes en trozos de 1 pulgada.

3. Poner la salsa de nata en un tazón y poner el pollo y el lomo a marinar. Dejar reposar en la salsa durante 14 minutos.

4. Mezcla la mantequilla de cacahuete, el agua, 1 cucharadita de ajo, el jugo de lima, la salsa de soja y Splenda. Esta es la salsa de cacahuetes para untar.

5. Retirar las carnes y ensartarlas en las brochetas. Asar a la parrilla o a la plancha 4 minutos por lado hasta que la carne esté hecha.

6. Servir con salsa para untar.

7. **Nutrición:**

8. Calorías: 530

9. Total Grasa: 29g

10. Proteínas: 37g

11. Carbohidratos Totales: 6g

12. Fibra Dietética: 4g

13. Azúcar: 2g

14. Sodio: 1538mg

Capítulo 7. Recetas para Cenar

19. Aderezo de Miel y Mostaza

Tiempo de preparación:: 10 minutos

Tiempo de cocción: 0 minutos

Porciones: 2

Ingredientes:

- 4 cucharada de aceite de oliva

- ½ cucharadita de miel

- ½ cucharadita de mostaza

- 1 cucharadita de jugo de limón

- 1 pizca de sal

Instrucciones:

1. Mezclar con un batidor el aceite de oliva, la miel, la mostaza y el jugo de limón hasta obtener un aderezo uniforme.

2. Condimentar con sal.

Nutrición:

Calorías: 306 kcal

Proteínas: 0.58 g

Grasa: 27.47 g

Carbohidratos: 16.96 g

20. Enrollados de Chocolate Paleo con Frutas

Tiempo de preparación:: 25 minutos

Tiempo de cocción: 0 minutos

Porciones: 2

Ingredientes:

- 4 huevos

- 100 ml (3 ½ onzas líquidas.) de leche de almendras

- 2 cucharadas de arrurruz en polvo

- 4 cucharadas de harina de castaña

- 1 cucharada de aceite de oliva (suave)

- 2 cucharadas de jarabe de arce

- 2 cucharadas de cacao en polvo

- 1 cucharada de aceite de coco

- 1-banana

- 2 kiwis (verde)

- 2 mandarinas

Instrucciones:

1. Mezclar todos los ingredientes (excepto la fruta y el aceite de coco) hasta conseguir una masa homogénea.

2. Derretir un poco de aceite de coco en una sartén pequeña y verter en ella una cuarta parte de la masa.

3. Hornearlo como si fuera un panqueque horneado por ambos lados.

4. Envolver la fruta y servirla tibia.

5. ¡Una maravillosa y dulce manera de empezar el día!

Nutrición:

Calorías: 555 kcal

Proteínas: 20.09 g

Grasa: 34.24 g

Carbohidratos: 45.62 g

21. Corteza de Tarta Vegana de Nueces Cruda y Brownies Crudos

Tiempo de preparación:: 5 Minutos

Tiempo de cocción: 40 Minutos

Porciones: 2

Ingredientes:

- 1 ½ tazas de nueces

- 1 taza de dátiles sin hueso

- 1 ½ cucharadita de vainilla molida

- 1/3 taza de cacao en polvo sin azúcar

Cobertura para Brownies Crudos:

- 1/3 taza de mantequilla de nueces

Instrucciones:

1. Añadir las nueces a un procesador de alimentos o a una batidora. Mezclar hasta que estén bien molidas.

2. Añadir la vainilla, los dátiles y el cacao en polvo a la batidora. Mezclar bien y, opcionalmente, añadir un par de gotas de agua a la vez para que la mezcla se adhiera.

3. Esta es una receta básica de Corteza de Pastel de Nueces Cruda.

4. Si se necesita corteza de tarta, extenderla finamente en un disco de 9 pulgadas y añadir el relleno.

5. Si se quiere hacer Brownies Crudos, transferir la mezcla a un plato pequeño y cubrir con mantequilla de nueces.

Nutrición:

Calorías: 899 kcal

Proteínas: 13.83 g

Grasa: 71.65 g

Carbohidratos: 71.67 g

22. Ensalada Envasada de Zanahoria, Trigo Sarraceno, Tomate y Rúcula

Tiempo de preparación:: 5 Minutos

Tiempo de cocción: 30 Minutos

Porciones: 2

Ingredientes:

- ½ taza de semillas de girasol

- ½ taza de zanahorias

- ½ taza de col rallada

- ½ taza de tomates

- 1 taza de trigo sarraceno cocido mezclado con 1 cucharada de semillas de chía

- 1 taza de rúcula

Aderezo:

- 1 cucharada de aceite de oliva

- 1 cucharada de jugo de limón fresco y una pizca de sal marina

Instrucciones:

1. Poner los ingredientes en este orden: aderezo, semillas de girasol, zanahorias, col, tomates, trigo sarraceno y rúcula.

Nutrición:

Calorías: 293 kcal

Proteínas: 8.46 g

Grasa: 25.02 g

Carbohidratos: 13.62 g

23. Ensalada Envasada de Garbanzos, Cebolla, Tomate y Perejil

Tiempo de preparación:: 5 Minutos

Tiempo de cocción: 50 Minutos

Porciones: 2

Ingredientes:

- 1 taza de garbanzos cocidos
- ½ taza de tomates picados
- ½ de una cebolla pequeña, picada
- 1 cucharada de semillas de chía
- 1 cucharada de perejil picado

Aderezo:

- 1 cucharada de aceite de oliva y 1 cucharada de Chlorella.
- 1 cucharada de jugo de limón fresco y una pizca de sal marina

Instrucciones:

1. Poner los ingredientes en este orden: aderezo, tomates, garbanzos, cebolla y perejil.

Nutrición:

Calorías: 210 kcal

Proteínas: 7.87 g

Grasa: 9 g

Carbohidratos: 26.22 g

24. Ensalada de Col y Feta con Aderezo de Arándanos

Tiempo de preparación:: 5 Minutos

Tiempo de cocción: 30 Minutos

Porciones: 2

Ingredientes:

- 9oz de col rizada, finamente picada

- 2oz de nueces picadas

- 3oz de queso feta desmenuzado

- 1 manzana, pelada, descorazonada y cortada en rodajas

- 4 dátiles medjool, picados

Para el Aderezo:

- 3oz de arándanos

- ½ cebolla roja picada

- 3 cucharadas de aceite de oliva

- 3 cucharadas de agua

- 2 cucharaditas de miel

- 1 cucharada de vinagre de vino tinto

- Sal marina

Instrucciones:

1. Colocar los ingredientes para el aderezo en un procesador de alimentos y procesar hasta que quede suave. Si parece demasiado espeso se puede añadir un poco más de agua si es necesario.

2. Colocar todos los ingredientes de la ensalada en un tazón. Verter el aderezo y revolver la ensalada hasta que esté bien cubierta con la mezcla.

Nutrición:

Calorías: 706 kcal

Proteínas: 15.62 g

Grasa: 45.92 g

Carbohidratos: 70.28 g

25. Ensalada de Atún, Huevo y Alcaparras

Tiempo de preparación:: 5 Minutos

Tiempo de cocción: 20 Minutos

Porciones: 2

Ingredientes:

- 3½ oz. achicoria roja o amarilla si no está disponible

- 5oz copos de atún en lata en salmuera, escurridos

- 3 ½ oz. de pepino

- 1oz de rúcula

- 6 aceitunas negras sin hueso

- 2 huevos duros, pelados y cortados en cuartos

- 2 tomates picados

- 2 cucharadas de perejil fresco picado

- 1 cebolla roja picada

- 1 tallo de apio

- 1 cucharada de alcaparras

- 2 cucharadas de vinagreta de ajo

Instrucciones:

1. Colocar en un tazón el atún, el pepino, las aceitunas, los tomates, la cebolla, la achicoria, el apio, el perejil y la rúcula.

2. Verter la vinagreta y mezclar la ensalada con el aderezo. Servir en los platos y esparcir los huevos y las alcaparras por encima.

Nutrición:

Calorías: 309 kcal

Proteínas: 26.72 g

Grasa: 12.23 g

Carbohidratos: 25.76 g

26. Panqueques de Fresa y Trigo Sarraceno

Tiempo de preparación:: 5 Minutos

Tiempo de cocción: 45 Minutos

Porciones: 4

Ingredientes:

- 3½ oz. de fresas picadas

- 3½ oz. de harina de trigo sarraceno

- 1 huevo

- 8 oz. líquidas de leche

- 1 cucharadita de aceite de oliva

- 1 cucharadita de aceite de oliva para freír

- Jugo recién exprimido de 1 naranja

Instrucciones:

1. Verter la leche en un tazón y mezclar el huevo y una cucharadita de aceite de oliva. Incorporar la harina a la mezcla líquida hasta que esté suave y cremosa.

2. Dejar reposar durante 15 minutos. Calentar un poco de aceite en una sartén y verter una cuarta parte de la mezcla o del tamaño que se prefiera.

3. Añadir una cuarta parte de las fresas a la masa. Cocinar durante unos 2 minutos por cada lado. Servir caliente con un chorrito de

jugo de naranja. Se puede probar con otras bayas, como los arándanos y las moras.

Nutrición:

Calorías: 180 kcal

Proteínas: 7.46 g

Grasa: 7.5 g

Carbohidratos: 22.58 g

Capítulo 8.   Batidos, Tés y Jugos

27. Batido de Frambuesa y Tofu

Tiempo de preparación:: 10 minutos

Tiempo de cocción: 0 minutos

Porciones: 2

Ingredientes:

- 1½ tazas de frambuesas frescas

- 6 onzas de tofu sedoso firme, prensado y escurrido

- 4-5 gotas de stevia líquida

- 1 taza de crema de coco

- ¼ taza de hielo picado

Instrucciones:

1. Poner todos los ingredientes en una batidora de alta velocidad y triturar hasta que esté cremoso.

2. Verter el batido en dos vasos y servir inmediatamente.

Nutrición: Calorías 377 Grasa Total 31.5 g Grasas Saturadas 25.7 g Colesterol 0 mg Sodio 50 mg Total de Carbohidratos 19.7 g Fibra 8.7 g Azúcar 9.2 g Proteína 9.7 g

28. Batido de Fresa y Remolacha

Tiempo de preparación:: 10 minutos
Tiempo de cocción: 0 minutos

Porciones: 2

Ingredientes:

- 2 tazas de fresas congeladas, sin semillas y picadas

- 2/3 taza de remolacha asada y congelada, picada

- 1 cucharadita de jengibre fresco, pelado y rallado

- 1 cucharadita de cúrcuma fresca, pelada y rallada

- ½ taza de jugo de naranja fresco

- 1 taza de leche de almendras sin azúcar

Instrucciones:

1. Poner todos los ingredientes en una batidora de alta velocidad y triturar hasta que esté cremoso.

2. Verter el batido en dos vasos y servir inmediatamente.

Nutrición: Calorías 258 Grasa Total 1.5 g Grasas Saturadas 0.1 g Colesterol 0 mg Sodio 134 mg Total de Carbohidratos 26.7g Fibra 4.9 g Azúcar 18.7 g Proteína 2.9 g

29. Batido de Kiwi

Tiempo de preparación:: 10 minutos
Tiempo de cocción: 0 minutos

Porciones: 2

Ingredientes:

- 4 kiwis

- 2 bananas pequeñas, peladas

- 1½ tazas de leche de almendras sin azúcar

- 1-2 gotas de stevia líquida

- ¼ taza de cubitos de hielo

Instrucciones:

1. Poner todos los ingredientes en una batidora de alta velocidad y batir hasta que esté cremoso.

2. Verter el batido en dos vasos y servir inmediatamente.

Nutrición: Calorías 228 Grasa Total 3.8 g Grasas Saturadas 0.4 g Colesterol 0 mg Sodio 141 mg Total de Carbohidratos 50.7 g Fibra 8.4 g Azúcar 28.1 g Proteína 3.8 g

30. Batido de Piña y Zanahoria

Tiempo de preparación:: 10 minutos
Tiempo de cocción: 0 minutos

Porciones: 2

Ingredientes:

- 1 taza de piña congelada

- 1 banana grande y madura, pelada y cortada en rodajas

- ½ cucharada de jengibre fresco, pelado y picado

- ¼ cucharadita de cúrcuma molida

- 1 taza de leche de almendras sin azúcar

- ½ taza de jugo de zanahoria fresco

- 1 cucharada de jugo de limón fresco

Instrucciones:

1. Poner todos los ingredientes en una batidora de alta velocidad y batir hasta que esté cremoso.

2. Verter el batido en dos vasos y servir inmediatamente.

Nutrición: Calorías 132 Grasa Total 2.2 g Grasas Saturadas 0.3 g Colesterol 0 mg Sodio 113 mg Total de Carbohidratos 629.3 g Fibra 4.1 g Azúcar 16.9 g Proteína 2 g

31. Batido de Avena y Naranja

Tiempo de preparación:: 10 minutos
Tiempo de cocción: 0 minutos

Porciones: 4

Ingredientes:

- 2/3 taza de copos de avena

- 2 naranjas, peladas, sin semillas y seccionadas

- 2 bananas grandes, peladas y cortadas en rodajas

- 2 tazas de leche de almendras sin azúcar

- 1 taza de cubitos de hielo, triturados

Instrucciones:

1. Poner todos los ingredientes en una batidora de alta velocidad y batir hasta que esté cremoso.

2. Verter el batido en cuatro vasos y servir inmediatamente.

Nutrición: Calorías 175

Grasa Total 3 g Grasas Saturadas 0.4 g Colesterol 0 mg Sodio 93 mg Total de Carbohidratos 36.6 g Fibra 5.9 g Azúcar 17.1 g Proteína 3.9 g

32. Batido de Calabaza

Tiempo de preparación:: 10 minutos
Tiempo de cocción: 0 minutos

Porciones: 2

Ingredientes:

- 1 taza de puré de calabaza casero

- 1 banana mediana, pelada y cortada en rodajas

- 1 cucharada de jarabe de arce

- 1 cucharadita de semillas de lino molidas

- ½ cucharadita de canela molida

- ¼ cucharadita de jengibre molido

- 1½ tazas de leche de almendras sin azúcar

- ¼ taza de cubitos de hielo

Instrucciones:

1. Poner todos los ingredientes en una batidora de alta velocidad y batir hasta que esté cremoso.

2. Verter el batido en dos vasos y servir inmediatamente.

Nutrición: Calorías 159 Grasa Total 3.6 g Grasas Saturadas 0.5 g Colesterol 0 mg Sodio 143 mg Total de Carbohidratos 32.6 g Fibra 6.5 g Azúcar 17.3 g Proteína 3 g

33. Batido de Verduras y Frutas Rojas

Tiempo de preparación:: 10 minutos
Tiempo de cocción: 0 minutos

Porciones: 2

Ingredientes:

- ½ taza de frambuesas frescas

- ½ taza de fresas frescas

- ½ pimiento rojo, sin semillas y picado

- ½ taza de col roja picada

- 1 tomate pequeño

- 1 taza de agua

- ½ taza de cubitos de hielo

Instrucciones:

1. Poner todos los ingredientes en una batidora de alta velocidad y batir hasta que esté cremoso.

2. Verter el batido en dos vasos y servir inmediatamente.

Nutrición: Calorías 39 Colesterol 0 mg Grasas Saturadas 0 g Sodio 10 mg Total de Carbohidratos 8.9 g Fibra 3.5 g Azúcar 4.8 g Proteína 1.3 g Grasa Total 0.4 g

34. Batido de Col Rizada

Tiempo de preparación:: 10 minutos
Tiempo de cocción: 0 minutos

Porciones: 2

Ingredientes:

- 3 tallos de col rizada fresca, recortados y picados

- 1-2 tallos de apio picados

- ½ aguacate, pelado, sin semilla y picado

- Un trozo de ½ pulgada de raíz de jengibre, picado

- Un trozo de ½ pulgada de raíz de cúrcuma, picada

- 2 tazas de leche de coco

Instrucciones:

1. Poner todos los ingredientes en una batidora de alta velocidad y batir hasta que esté cremoso.

2. Verter el batido en dos vasos y servir inmediatamente.

Nutrición: Calorías 248 Grasa Total 21.8 g Grasas Saturadas 12 g Colesterol 0 mg Sodio 59 mg Total de Carbohidratos 11.3 g Fibra 4.2 g Azúcar 0.5 g Proteína 3.5 g

35. Batido de Tofu Verde

Tiempo de preparación:: 10 minutos
Tiempo de cocción: 0 minutos

Porciones: 2

Ingredientes:

- 1½ tazas de pepino, pelado y picado en trozos grandes

- 3 tazas de espinacas frescas

- 2 tazas de brócoli congelado

- ½ taza de tofu sedoso, escurrido y prensado

- 1 cucharada de jugo de lima fresco

- 4-5 gotas de stevia líquida

- 1 taza de leche de almendras sin azúcar

- ½ taza de hielo picado

Instrucciones:

1. Poner todos los ingredientes en una batidora de alta velocidad y batir hasta que esté cremoso.

2. Verter el batido en dos vasos y servir inmediatamente.

Nutrición: Calorías 118 Grasa Total 15 g Grasas Saturadas 0.8 g Colesterol 0 mg Sodio 165 mg Total de Carbohidratos 12.6 g Fibra 4.8 g Azúcar 3.4 g Proteína 10 g

36. Batido de Uvas y Acelgas

Tiempo de preparación:: 10 minutos
Tiempo de cocción: 0 minutos

Porciones: 2

Ingredientes:

- 2 tazas de uvas verdes sin semillas

- 2 tazas de acelgas frescas, recortadas y picadas

- 2 cucharadas de jarabe de arce

- 1 cucharadita de jugo de limón fresco

- 1½ tazas de agua

- 4 cubitos de hielo

Instrucciones:

1. Poner todos los ingredientes en una batidora de alta velocidad y batir hasta que esté cremoso.

2. Verter el batido en dos vasos y servir inmediatamente.

Nutrición: Calorías 176 Grasa Total 0.2 g Grasas Saturadas 0 g Colesterol 0 mg Sodio 83 mg Total de Carbohidratos 44.9 g Fibra 1.7 g Azúcar 37.9 g Proteína 0.7 g

37. Batido de Matcha

Tiempo de preparación:: 10 minutos

Tiempo de cocción: 0 minutos

Porciones: 2

Ingredientes:

- 2 cucharadas de semillas de chía

- 2 cucharaditas de té verde matcha en polvo

- ½ cucharadita de jugo de limón fresco

- ½ cucharadita de goma xantana

- 8-10 gotas de stevia líquida

- 4 cucharadas de crema de coco

- 1½ tazas de leche de almendras sin azúcar

- ¼ taza de cubitos de hielo

Instrucciones:

1. Poner todos los ingredientes en una batidora de alta velocidad y batir hasta que esté cremoso.

2. Verter el batido en dos vasos y servir inmediatamente.

Nutrición: Calorías 132 Grasa Total 12.3 g Grasas Saturadas 6.8 g Colesterol 0 mg Sodio 15 mg Total de Carbohidratos 7 g Fibra 4.8 g Azúcar 1 g Proteína 3 g

38. Batido de Banana

Tiempo de preparación:: 10 minutos

Tiempo de cocción: 0 minutos

Porciones: 2

Ingredientes:

- 2 tazas de leche de almendras sin azúcar refrigerada

- 1 banana grande congelada, pelada y cortada en rodajas

- 1 cucharada de almendras picadas

- 1 cucharadita de extracto de vainilla orgánica

Instrucciones:

1. Poner todos los ingredientes en una batidora de alta velocidad y batir hasta que esté cremoso.

2. Verter el batido en dos vasos y servir inmediatamente.

Nutrición: Calorías 124 Grasa Total 5.2 g Grasas Saturadas 0.5 g Colesterol 0 mg Sodio 181 mg Total de Carbohidratos 18.4 g Fibra 3.1 g Azúcar 8.7 g Proteína 2.4 g

39. Batido de Fresa

Tiempo de preparación:: 10 minutos

Tiempo de cocción: 0 minutos

Porciones: 2

Ingredientes:

- 2 tazas de leche de almendras sin azúcar refrigerada

- 1½ tazas de fresas congeladas

- 1 banana, pelada y cortada en rodajas

- ¼ cucharadita de extracto de vainilla orgánica

Instrucciones:

1. Añadir todos los ingredientes en una batidora de alta velocidad y triturar hasta que esté suave.

2. Verter el batido en dos vasos y servir inmediatamente.

Nutrición: Calorías 131 Grasa Total 3.7 g Grasas Saturadas 0.4 g Colesterol 0 mg Sodio 181 mg Total de Carbohidratos 25.3 g Fibra 4.8 g Azúcar 14 g Proteína 1.6 g

40. Batido de Mango

Tiempo de preparación:: 10 minutos

Tiempo de cocción: 0 minutos

Porciones: 2

Ingredientes:

- 2 tazas de mango congelado, pelado, sin semilla y picado

- ¼ taza de mantequilla de almendra

- Una pizca de cúrcuma molida

- 2 cucharadas de jugo de limón fresco

- 1¼ tazas de leche de almendras sin azúcar

- ¼ taza de cubitos de hielo

Instrucciones:

1. Añadir todos los ingredientes en una batidora de alta velocidad y triturar hasta que esté suave.

2. Verter el batido en dos vasos y servir inmediatamente.

Nutrición: Calorías 140 Grasa Total 4.1 g Grasas Saturadas 0.6 g Colesterol 0 mg Sodio 118 mg Total de Carbohidratos 26.8 g Fibra 3.6 g Azúcar 23 g Proteína 2.5 g

41. Batido de Piña

Tiempo de preparación:: 10 minutos

Tiempo de cocción: 0 minutos

Porciones: 2

Ingredientes:

- 2 tazas de piña picada

- ½ cucharadita de jengibre fresco, pelado y picado

- ½ cucharadita de cúrcuma molida

- 1 cucharadita de suplemento natural de apoyo inmunológico *

- 1 cucharadita de semillas de chía

- 1½ tazas de té verde frío

- ½ taza de hielo picado

Instrucciones:

1. Añadir todos los ingredientes en una batidora de alta velocidad y triturar hasta que esté suave.

2. Verter el batido en dos vasos y servir inmediatamente.

Nutrición: Calorías 152 Grasa Total 1 g Grasas Saturadas 0 g Colesterol 0 mg Sodio 9 mg Total de Carbohidratos 30 g Fibra 3.5 g Azúcar 29.8 g Proteína 1.5 g

42. Batido de Col Rizada y Piña

Tiempo de preparación:: 15 minutos

Tiempo de cocción: 0 minutos

Porciones: 2

Ingredientes:

- 1½ tazas de col rizada fresca, recortada y picada

- 1 banana congelada, pelada y picada

- ½ taza de trozos de piña fresca

- 1 taza de leche de coco sin azúcar

- ½ taza de jugo de naranja fresco

- ½ taza de hielo

Instrucciones:

1. Añadir todos los ingredientes en una batidora de alta velocidad y triturar hasta que esté suave.

2. Verter el batido en dos vasos y servir inmediatamente.

Nutrición: Calorías 148 Grasa Total 2.4 g Grasas Saturadas 2.1 g Colesterol 0 mg Sodio 23 mg Total de Carbohidratos 31.6 g Fibra 3.5 g Azúcar 16.5 g Proteína 2.8 g

43. Batido de Verduras Verdes

Tiempo de preparación:: 15 minutos

Tiempo de cocción: 0 minutos

Porciones: 2

Ingredientes:

- 1 aguacate mediano, pelado, sin semilla y picado

- 1 pepino grande, pelado y picado

- 2 tomates frescos picados

- 1 pimiento verde pequeño, sin semillas y picado

- 1 taza de espinacas frescas, arrancadas

- 2 cucharadas de jugo de lima fresco

- 2 cucharadas de caldo de verduras casero

- 1 taza de agua alcalina

Instrucciones:

1. Añadir todos los ingredientes en una batidora de alta velocidad y triturar hasta que esté suave.

2. Verter el batido en vasos y servir inmediatamente.

Nutrición: Calorías 275 Grasa Total 20.3 g Grasas Saturadas 4.2 g Colesterol 0 mg Sodio 76 mg Total de Carbohidratos 24.1 g Fibra 10.1 g Azúcar 9.3 g Proteína 5.3 g

44. Batido de Aguacate y Espinacas

Tiempo de preparación:: 10 minutos

Tiempo de cocción: 0 minutos

Porciones: 2

Ingredientes:

- 2 tazas de espinacas frescas

- ½ aguacate, pelado, sin semilla y picado

- 4-6 gotas de stevia líquida

- ½ cucharadita de canela molida

- 1 cucharada de semillas de cáñamo

- 2 tazas de agua alcalina fría

Instrucciones:

1. Añadir todos los ingredientes en una batidora de alta velocidad y triturar hasta que esté suave.

2. Verter el batido en dos vasos y servir inmediatamente.

Nutrición: Calorías 132 Grasa Total 11.7 g Grasas Saturadas 2.2 g Colesterol 0 mg Sodio 27 mg Total de Carbohidratos 6.1 g Fibra 4.5 g Azúcar 0.4 g Proteína 3.1 g

Capítulo 9.   Recetas de Postres

45. Manzanas Horneadas

Tiempo de preparación:: 15 minutos

Tiempo de cocción: 18 minutos.

Porciones: 4

Ingredientes:

- 4 manzanas descorazonadas

- ¼ taza de aceite de coco, ablandado

- 4 cucharadita de canela molida

- 1/8 cucharadita de jengibre molido

- 1/8 cucharadita de nuez moscada molida

Instrucciones:

1. Precalentar el horno a 350 grados F.

2. Rellenar cada manzana con 1 cucharada de aceite de coco.

3. Espolvorear cada uno con las especias de manera uniforme.

4. Distribuir las manzanas en una bandeja para hornear.

5. Hornear durante unos 12-18 minutos.

Nutrición: Calorías 240; Grasa Total 14.1 g; Grasas Saturadas 11.8 g; Colesterol 0 mg; Sodio 2 mg; Total de Carbohidratos 32.7 g; Fibra 6.6 g; Azúcar 23.3 g; Proteína 0.7 g

46. Granizado de Bayas

Tiempo de preparación:: 15 minutos

Tiempo de cocción: 0 minutos

Porciones: 4

Ingredientes:

- ½ taza de fresas frescas, descascaradas y cortadas en rodajas

- ½ taza de frambuesas frescas

- ½ taza de arándanos frescos

- ½ taza de moras frescas

- 1 cucharada de jarabe de arce puro

- 1 cucharada de jugo de limón fresco

- 1 taza de cubitos de hielo, triturados

- 1 cucharadita de hojas de menta fresca

Instrucciones:

1. En una batidora de alta velocidad, añadir las bayas, el sirope de arce, el jugo de limón y los cubitos de hielo, y triturar a alta velocidad hasta que esté suave.

2. Transferir la mezcla de bayas a una fuente de horno de 8x8 pulgadas de manera uniforme y congelar durante al menos 30 minutos.

3. Sacar del congelador y revolver completamente el granizado con un tenedor.

4. Volver a meterlo en el congelador y congelarlo durante unas 2-3 horas. Rasparlo cada 30 minutos con un tenedor.

5. Colocar el granizado en copas y servir inmediatamente adornado con hojas de menta.

Nutrición: Calorías 46; Grasa Total 0.3 g; Grasas Saturadas 0 g; Colesterol 0 mg; Sodio 4 mg; Total de Carbohidratos 11.1 g; Fibra 2.8 g; Azúcar 7.3 g; Proteína 0.7 g

47. Helado de Calabaza

Tiempo de preparación:: 15 minutos.

Tiempo de cocción: 0 minutos

Porciones: 6

Nota: Esta receta requiere el uso de una máquina de helados.

Ingredientes:

- 15 oz. puré de calabaza casero

- ½ taza de dátiles, sin hueso y picados

- 2 latas (de 14 onzas) de leche de coco sin azúcar

- ½ cucharadita de extracto de vainilla orgánica

- 1½ cucharadita de especia de pastel de calabaza

- ½ cucharadita de canela molida

- Una pizca de sal marina

Instrucciones:

1. En una batidora de alta velocidad, añadir todos los ingredientes y triturar hasta que esté suave.

2. Pasar a un recipiente hermético y congelar durante unas 1-2 horas.

3. Ahora, transferir la mezcla a una heladera y procesarla según las instrucciones del fabricante.

4. Volver a colocar el helado en el recipiente hermético y congelar durante unas 1-2 horas antes de servir.

Nutrición: Calorías 293; Grasa Total 22.5 g; Grasas Saturadas 20.1 g; Colesterol 0 mg; Sodio 99 mg; Total de Carbohidratos 24.8 g; Fibra 3.6 g; Azúcar 14.1 g; Proteína 2.3 g

48. Sorbete de Limón

Tiempo de preparación:: 10 minutos.

Tiempo de cocción: 0 minutos

Porciones: 4

Nota: Esta receta requiere el uso de una máquina para hacer helados.

Ingredientes:

- 2 cucharada de ralladura de limón fresco
- ½ taza de jarabe de arce puro
- 2 tazas de agua
- 1½ tazas de jugo de limón fresco

Instrucciones:

1. Congelar la tarrina de la máquina de helados durante unas 24 horas antes de hacer este sorbete.

2. Añadir todos los ingredientes, excepto el jugo de limón, en un sartén y cocerlos a fuego medio durante aproximadamente 1 minuto o hasta que el azúcar se disuelva, revolviendo continuamente.

3. Retirar la sartén del fuego y añadir el jugo de limón.

4. Trasladar esto a un recipiente hermético y refrigerar durante unas 2 horas.

5. Ahora, transferir la mezcla a una máquina de hacer helados y procesarla de acuerdo con las instrucciones del fabricante.

6. Volver a colocar el helado en el recipiente hermético y congelar durante unas 2 horas.

Nutrición: Calorías 127; Grasa Total 0.8 g; Grasas Saturadas 0.7 g; Colesterol 0 mg; Sodio 26 mg; Total de Carbohidratos 29 g; Fibra 0.6 g; Azúcar 25.5 g; Proteína 0.8 g

49. Pudín de Aguacate

Tiempo de preparación:: 15 minutos.

Tiempo de cocción: 0 minutos

Porciones: 4

Ingredientes:

- 2 tazas de bananas, peladas y picadas

- 2 aguacates maduros, pelados, sin semilla y picados

- 1 cucharadita de cáscara de lima fresca, rallada finamente

- 1 cucharadita de cáscara de limón fresca, rallada finamente

- ½ taza de jugo de lima fresco

- ½ taza de jugo de limón fresco

- 1/3 taza de néctar de agave

Instrucciones:

1. En una batidora, añadir todos los ingredientes y triturar hasta que quede una mezcla homogénea.

2. Repartir el pudín en 4 copas y refrigerar para que se enfríe durante unas 3 horas antes de servir.

Nutrición: Calorías 462; Grasa Total 20.1 g; Grasas Saturadas 4.4 g; Colesterol 0 mg; Sodio 13 mg; Total de Carbohidratos 48.2 g; Fibra 10.2 g; Azúcar 30.4 g; Proteína 3 g

50. Mousse de Chocolate

Tiempo de preparación:: 10 minutos.

Tiempo de cocción: 0 minutos

Porciones: 4

Ingredientes:

- ½ taza de leche de almendras sin azúcar

- 1 taza de frijoles negros cocidos

- 4 dátiles medjool, deshuesados y picados

- ½ taza de pecanas picadas

- 2 cucharada de cacao en polvo no alcalinizado

- 1 cucharadita de extracto de vainilla orgánica

- 4 cucharada de arándanos frescos

Instrucciones:

1. En un procesador de alimentos, añadir todos los ingredientes y triturar hasta que esté suave y cremoso.

2. Transferir la mezcla a tazones para servir y refrigerar para que se enfríe antes de servir.

3. Condimentar con arándanos y servir.

Nutrición: Calorías 357; Grasa Total 13 g; Grasas Saturadas 1.7 g; Colesterol 0 mg; Sodio 26 mg; Total de Carbohidratos 52.1 g; Fibra 11.9 g; Azúcar 16.7 g; Proteína 13.4 g

51. Crumble de Arándanos

Tiempo de preparación:: 15 minutos.

Tiempo de cocción: 40 minutos.

Porciones: 4

Ingredientes:

- ¼ taza de harina de coco

- ¼ taza de harina de arrurruz

- ¾ cucharadita de bicarbonato de sodio

- ¼ taza de banana madura, pelada y triturada

- 2 cucharada de aceite de coco derretido

- 3 cucharada de agua filtrada

- ½ cucharada de jugo de limón fresco

- 1½ tazas de arándanos frescos

Instrucciones:

1. Precalentar el horno a 300 grados F. Engrasar ligeramente una fuente de horno de 8x8 pulgadas.

2. En un tazón grande, agregar todos los ingredientes excepto los arándanos y mezclar hasta que estén bien combinados.

3. En el fondo de la fuente de horno preparada, colocar los arándanos y cubrirlos con la mezcla de harina de manera uniforme.

4. Hornear durante unos 40 minutos o hasta que la parte superior se dore.

5. Servir caliente.

Nutrición: Calorías 107; Grasa Total 7.2 g; Grasas Saturadas 6 g; Colesterol 0 mg; Sodio 240 mg; Total de Carbohidratos 11.6 g; Fibra 2 g; Azúcar 6.7 g; Proteína 1 g

52. Manzana Crujiente

Tiempo de preparación:: 15 minutos.

Tiempo de cocción: 20 minutos.

Porciones: 8

Ingredientes:

Para el Relleno:

- 2 manzanas grandes, peladas, descorazonadas y picadas

- 2 cucharada de agua

- 2 cucharada de jugo de manzana fresco

- ¼ cucharadita de canela molida

Para Decorar:

- ½ taza de copos de avena rápidos

- ¼ taza de copos de coco sin azúcar

- 2 cucharada de pecanas picadas

- ½ cucharadita de canela molida

- ¼ taza de agua

Instrucciones:

1. Precalentar el horno a 300F. Engrasar ligeramente una fuente de horno.

2. Para hacer el relleno, añadir todos los ingredientes en un tazón grande y mezclar suavemente. Reservar.

3. Hacer la cobertura añadiendo todos los ingredientes a otro tazón y mezclar bien.

4. Colocar la mezcla de relleno en la fuente de horno preparada y, a continuación, extender la cobertura sobre la mezcla de relleno de forma uniforme.

5. Hornear durante unos 20 minutos o hasta que la parte superior se dore.

6. Servir caliente.

Nutrición: Calorías 100; Grasa Total 2.7 g; Grasas Saturadas 0.8 g; Colesterol 0 mg; Sodio 3 mg; Total de Carbohidratos 19.1 g; Fibra 2.6 g; Azúcar 11.9 g; Proteína 1.2 g

53. Macarrones de Coco

Tiempo de preparación:: 15 minutos.

Tiempo de cocción: 10 minutos.

Porciones: 12

Ingredientes:

- 1½ tazas de coco sin azúcar, rallado

- 1 cucharada de harina de coco

- 1/8 cucharadita de sal marina

- ¼ taza de jarabe de arce puro

- 2 cucharada de aceite de coco derretido

- 1 cucharada de extracto de vainilla orgánica

Instrucciones:

1. Precalentar el horno a 350 grado F. Forrar una bandeja de horno grande con papel pergamino.

2. En un procesador de alimentos, añadir todos los ingredientes y triturar hasta que estén bien combinados.

3. Dividir la mezcla en porciones del tamaño de una cucharada y colocarlas en la bandeja de galletas preparada en una sola capa.

4. Hornear durante unos 7-10 minutos o hasta que se dore.

5. Retirar del horno y dejar que se enfríen durante 1 hora antes de servir.

Nutrición: Calorías 78; Grasa Total 5.7 g; Grasas Saturadas 5g; Colesterol 0 mg; Sodio 22 mg; Total de Carbohidratos 6.5 g; Fibra 1.2 g; Azúcar 4.7 g; Proteína 0.4 g

54. Dulce de Garbanzos

Tiempo de preparación:: 15 minutos.

Tiempo de cocción: 0 minutos

Porciones: 12

Ingredientes:

- 2 tazas de garbanzos cocidos

- 8 dátiles medjool, deshuesados y picados

- ½ taza de mantequilla de almendra

- ½ taza de leche de almendras sin azúcar

- 1 cucharadita de extracto de vainilla orgánica

- 2 cucharada de cacao en polvo

Instrucciones:

1. Forrar una fuente de horno grande con papel pergamino.

2. En un procesador de alimentos, añadir todos los ingredientes excepto el cacao en polvo y triturar hasta que estén bien combinados.

3. Pasar la mezcla a un tazón grande e incorporar el cacao en polvo.

4. Transferir la mezcla a la fuente de horno preparada de manera uniforme y alisar la superficie con el dorso de una espátula.

5. Refrigerar durante unas 2 horas o hasta que esté completamente cuajado.

6. Cortar en cuadrados del tamaño deseado y servir.

Nutrición: Calorías 172; Grasa Total 2.8 g; Grasas Saturadas 0.3 g; Colesterol 0 mg; Sodio 16 mg; Total de Carbohidratos 32 g; Fibra 7.4 g; Azúcar 13 g; Proteína 7.1 g

55. Barras de Chocolate Crujientes

Tiempo de preparación:: 5 minutos

Tiempo de cocción: 5 minutos

Porciones: 4

Ingredientes:

- 1 1/2 tazas de chispas de chocolate sin azúcar

- 1 taza de mantequilla de almendra

- Stevia al gusto

- 1/4 taza de aceite de coco

- 3 tazas de pecanas picadas

Instrucciones:

1. Forrar un molde para hornear de 8 pulgadas con papel pergamino.

2. Mezclar en un tazón las chispas de chocolate con la mantequilla, el aceite de coco y el edulcorante.

3. Derretir la mezcla calentándola en el microondas durante 2 o 3 minutos hasta que esté bien mezclada.

4. Incorporar los frutos secos y las semillas. Mezclar suavemente.

5. Verter esta masa en el molde y repartirla uniformemente.

6. Refrigerar de 2 a 3 horas.

7. Cortar y servir.

Nutrición:

Calorías 316

Grasa Total 30.9 g

Grasas Saturadas 8.1 g

Colesterol 0 mg

Total de Carbohidratos 8.3 g

Azúcar 1.8 g

Fibra 3.8 g

Sodio 8 mg

Proteína 6.4 g

56. Barras de Proteínas Caseras

Tiempo de preparación:: 5 minutos

Tiempo de cocción: 10 minutos

Porciones: 4

Ingredientes:

- 1 taza de mantequilla de nueces

- 4 cucharadas de aceite de coco

- 2 cucharadas de proteína de vainilla

- Stevia, al gusto

- ½ cucharadita de sal marina

Ingredientes opcionales:

- 1 cucharadita de canela

Instrucciones:

1. Mezclar en un plato el aceite de coco con la mantequilla, la proteína, la stevia y la sal.

2. Incorporar la canela y las pepitas de chocolate.

3. Presionar la mezcla con firmeza y congelar hasta que esté firme.

4. Cortar la corteza en pequeñas barras.

5. Servir y disfrutar.

Nutrición:

Calorías 179

Grasa Total 15.7 g

Grasas Saturadas 8 g

Colesterol 0 mg

Total de Carbohidratos 4.8 g

Azúcar 3.6 g

Fibra 0.8 g

Sodio 43 mg

Proteína 5.6 g

Conclusión

Este libro ha esclarecido los fundamentos del ayuno intermitente. Tiene todo lo que necesitas saber para iniciar tu viaje de pérdida de peso. También hemos proporcionado una guía paso a paso para llevarte a través del proceso.

Además de perder peso, hemos destacado los beneficios que conlleva el ayuno intermitente. Incluso si no estás buscando perder peso, probar esta nueva forma de vida te recompensará con una fantástica salud en general. Además, si eres nuevo en el ayuno intermitente, tenemos varios consejos y trucos para que te pongas en marcha con el ayuno y te asegures de no encontrar ninguna complicación y pasarlo bien.

También has aprendido sobre las cosas que pueden afectar tu éxito mientras ayunas. Hemos desvelado muchos conceptos erróneos a los que la gente se aferra en nombre del ayuno, así como hemos destacado los alimentos saludables que puedes consumir durante el ayuno.

Una de las mejores cosas del ayuno intermitente es que se presenta en varias formas, y no tienes que seguir necesariamente un horario determinado. Por eso es importante escuchar a tu cuerpo a medida que avanzas en el ayuno.

En definitiva, no olvides nunca la importancia de mantenerte hidratado durante el ayuno. Puede significar la diferencia entre un ayuno suave y uno duro. Incluso puede ayudarte a elaborar un plan de ejercicios razonable que sea perfecto para tu método de ayuno.

El ayuno puede ser física y mentalmente exigente. Muchos obstáculos pueden hacer que quieras tirar la toalla por el camino. No te preocupes; esto es normal. Sin embargo, nunca pierdas de vista tu objetivo. Fracasar una o dos veces no es un delito ni una licencia para abandonar todo el estilo de vida. Deja que tu motivación te haga seguir adelante cuando las cosas se pongan difíciles.

Antes de hacer cambios en la dieta, siempre es mejor consultar con un profesional sanitario cualificado, aunque sólo cambies el horario en el que ingieres los alimentos. Ellos pueden ayudarte a determinar si el ayuno intermitente es bueno para ti. Esto es especialmente importante en el caso de los ayunos prolongados, en los que puede producirse un agotamiento de vitaminas y minerales. Es importante entender lo increíblemente inteligente que es nuestro cuerpo. El cuerpo aumentará el apetito y el número de calorías consumidas en la siguiente comida si se limitan los alimentos en una de ellas, e incluso ralentizará el metabolismo para adaptarse al consumo de calorías. Además, el ayuno intermitente tiene muchos beneficios potenciales para la salud, pero no se debe concluir que, si se sigue estrictamente, se asegura una gran pérdida de peso y se evita la creación o progresión de enfermedades. Es una herramienta útil, pero puede requerir otras herramientas para ayudar a alcanzar y mantener una salud óptima.

¡Felicidades por decir NO a la mala salud, al aumento de peso persistente, a la depresión, a la demencia y al envejecimiento prematuro, y un fuerte NO a la idea de que no podemos sanar naturalmente nuestros cuerpos y mentes! Cuando me senté por primera vez a escribir esta guía para entender y utilizar los secretos del ayuno intermitente, a las personas como tú: aquellos que no están satisfechos con el estado actual de las cosas, a los que se les había aconsejado y no lo hicieron. Están dispuestos a dejar de lado su deseo de tener buena salud, vitalidad, estado físico, claridad mental y longevidad sólo porque la medicina convencional y la nutrición les dicen que esto es imposible. Continuando tu viaje para alcanzar la vitalidad y el bienestar de por vida, recuerda que estás viajando a través de una antigua y probada forma de prosperidad. Te insto a que uses esto como guía. Cuando la gente pregunte sobre el uso del ayuno intermitente, no sólo podrás señalar los cambios visibles en tu cuerpo, apariencia y niveles de energía, sino que tienes toda la evidencia científica a mano para demostrar que el viejo método funciona. ¡Vive y sana! Hoy en día funciona tan bien como hace siglos. Por último, te deseo todo lo mejor en tu viaje para restaurar, rejuvenecer y proteger cada célula de tu cuerpo y mente. ¡Esto es útil para usar con diferentes tipos de ayuno intermitente, los cuales cubrimos en esta guía! ¡Buena suerte y buena salud!

CPSIA information can be obtained
at www.ICGtesting.com
Printed in the USA
BVHW040308140421
604820BV00004B/188

9 781802 550245